인생 리스타트! 나답게 자유롭게

인생 리스타트! 나답게 자유롭게

호사카 다카시 지음 | 박승희 옮김

즐거운상상

이 시대를 살아가는 보통 사람들에게 꼭 필요한 '노후처방전'

김동선 (노후대책전문가, 《퇴근 후 2시간》 저자)

요즘 외출을 하면 지하철에서, 카페에서, 도서관에서 등산복을 입은 중년의 남성들을 너무나 많이 보게 된다. 그러다 보면 15년 전, 연구를 위해 일본에 갔다가 체험했던 고령사회의 충격이 빠르게 되살아난다. 도쿄 도심을 조금만 벗어나면 거리를 오가는 사람들은 죄다 노인이고 신문을 펼치면 온통 노인문제였다. 고령화로 인한 여러 문제를 앞서 겪고 있었지만 반대로 '노년문화'라는 것을 발견할 수 있는 곳도 일본이다.

사실 이 나라에서의 노인들 삶을 들여다보면 근사한 부분도 적지 않았다. 연금생활자인 이들은 오전이면 테니스를 치고 오후에는 대학에서 강의를 듣거나 자원봉사를 한다. 2001년, 그때가 일본 고령화율이 18%에 도달했을 때이다. 한국은 2018년에 고령화율 14%에 달한다고 하니 15년 전의 그 모습이 한국의 가까운 미래라고 할 수 있으려나. 그러면 한국사회도 일본에서와 같이 행복한 퇴직자들로 넘치게 될까?

현재 한국 사회를 압박하는 커다란 과제가 바로 720여 만 명에 달한다는 베이비붐세대의 대량퇴직이다. 1954~1965년 생으로 현재 50대에 해당하는 이들이 거리로 쏟아져 나오고 있다. 한국노동연구원 통계에 따르면 회사가 정한 정년퇴직연령과는 상관없이 실질적으로 퇴직하는 평균 연령이 53.8세라고 한다. 대기업 사무직인 경우 이보다 더 이른 시기에 퇴직한다.

그런데 퇴직했다고 낚싯대 메고 떠날 수 있는 처지가 아니다. 자녀들 학자금도 대야 하고 주택융자금이 남아 있는 경우도 있다. 무엇보다 평균 수명 90세, 100세 시대의 노후자금을 마련하지 못했다. 그래서 30년 넘게 일하고도 다시 일자리를 찾아 구직센터로 발길을 옮기는 것이다.

하지만, 이들을 위한 일자리는 갈수록 줄어든다. 더 많은 자격증을 갖고 있으며 밤샘작업도 마다하지 않을 건장한 젊은이들이 똑같은 일을 더 적은 돈을 받고 일하겠다고 나서는 것이다. 심지어는 배터리만 충전되면 지치지 않고 작업을 수행하는 로봇과 컴퓨터가 있다. 30

년 전 대학에서 배운 지식과 기술로 한 가지 일만 해왔던 중년세대가 할 일을 찾기는 정말 힘들게 됐다. 거기에 정년퇴직하고 집에서 노는 남편을 따뜻하게 모시는 아내는 없다. 자녀들과의 소통이 끊어진 지도 오래다. 게다가 긴긴 시간을 보낼 취미 하나 갖지 못했다. 베이비붐세대의 문화향유 실태를 살펴본 연구에 따르면 1년 동안 문화예술 관람이나 스포츠관람을 한 비율이 절반에도 못 미친다고 한다.

남은 인생, 이제부터 어떤 일을 할 것인가

대책없이 인생의 하프역에 도달한 50대. 때 이른 퇴직을 강요된 좌절로 받아들일 것인가? 새로운 출발로 삼을 것인가? 이러한 기로에 놓인 많은 사람들에게 호사카 다카시의 《인생 리스타트! 나답게 자유롭게》를 권하고 싶다. 저자는 50대 중반에 의대 교수직을 스스로 퇴직하고 인생2막을 셀프 매니지먼트 함으로써 인생을 다면화하는 데 성공했다. 그는 의학과는 전혀 상관없는 공부를 하기 위해 대학원으로 진학했고 다양한 취미생활을 즐기는 한편, 자기계발서를 70여권이나 쓴 작가로 인생 리스타트에 성공했다. 그는 노후준비의 최고의 타이밍으로 50대 초반을 꼽고 있다. 퇴직을 하고(또는 퇴직을 앞두고) 집안에만 웅크려 있지 말고 이 시간을 노후 30~40년을 위한 준비기간으로 삼으라는 것이다. 당장 생활비를 벌어야 하는데, 한가한 소리라고 치부될 지도 모르지만, 그의 말에 귀 기울이다 보면 현재의 고민까지 해결된다.

50세에 직장을 그만두었다면 새로운 것을 시작해야 하고, 새로운 것을 시작하기 위해서는 배워야 한다. 우리가 대학에서 배운 전공으로 30년간 직장생활을 했다면 지금 새로운 것을 배우고 익혀서 또 다른 30년 현역 인생을 살아야 한다는 것이다.

은퇴자들에게 들려주는 다양한 아이디어가 가득

나는 노후 준비에 관심을 가져야 할 나이로 '마흔 살'을 꼽는다. 내가 쓴 책《마흔 살, 내가 준비하는 노후대책 7》을 통해 조금이라도 빨리 노후 준비를 하는 것이 필요하다고 주장해 왔다. 그리고 최근에 쓴《퇴근 후 2시간》에서는 퇴직하기 전에 2시간씩 투자할 것을 주문

했다. 하지만, 한국을 뒤흔든 경제위기로 인해 많은 사람들이 마흔을 힘겹게 보내고 있다. 직장을 옮겨야 했고, 그러다 보니 50대에 들어서야 노후를 걱정하는 사람이 태반이다. 이제는 피할 수도 없이 퇴직과 맞닥뜨린 50대는 더 이상 노후 준비를 미룰 수가 없게 됐다.

한국인 평균수명이 80세를 넘어섰다. 어떤 통계에서는 1958년생이 97세까지 살 수 있는 확률이 남자는 43.6%, 여자는 48%라고 한다. 이제 100세 시대가 공허하게 들리지 않게 된 것이다. 이러한 장수시대에 50세는 겨우 절반일 뿐이다.

남은 절반을 위해서 우리는 무엇을 해야 할까? 우선 이 책을 읽어보기를 권한다. 호사카 다카시의 이야기를 듣다보면 '재취업'의 비전을 얻을 수 있을 것이다. 집안에서만 생활하는 노인들을 위한 '출장미용사'라든지, 주말에만 문을 여는 메밀국수가게, 천연효모빵 가게에 이르기 까지 다양한 사례들을 읽다 보면 내가 이제부터 어떤 일을 할 것인지에 대한 좋은 아이디어를 얻을 수 있다. 또 이 책에는 공부, 시간투자, 사람관계, 부부관계 등 은퇴자들이 배워야 할 다양한 생활교육도 담겨 있다.

행복한 노후를 위해 준비해야 할 것들

대부분의 사람들은 노후준비를 노후자금 준비라고 생각한다. 물론 경제적 준비도 필요하지만 노후를 즐겁게 살아가는 데 돈만이 중요한 것은 아니다. 어쩌면 우리가 아무리 노력한다고 해도 노후자금을 충분히 쌓아놓고 노인이 될 수 없을지도 모른다. 그렇다고 돈이 없어서 노년기가 불행해질 것을 걱정할 필요는 없다. 왜냐하면 노인이 되면 돈이 젊었을 때만큼 중요하지 않기 때문이다. 돈으로 얻을 수 있는 즐거움 보다 건강하고 원만한 인간관계, 추구하는 이상과 목표가 노년기 삶을 훨씬 더 행복하게 한다.

따라서 행복한 노후를 위해 알아야 할 것은 자금관리뿐 아니라 공부, 부부관계, 인간관계 등이다.《인생 리스타트! 나답게 자유롭게》는 바로 이러한 점을 균형있게 담아냈다는 점에서 이 시대를 살아가는 보통 사람들에게 '유용한 노후처방전'이 될 것이다,

또 한 가지, 이 책이 마음에 드는 이유는 '내 맘대로 살라'고 권유한다는 점이다. 어릴 때는 부모님이 원하는 삶을 살았고, 결혼해서는 가족을 위해서 살았다. 이제

는 누구의 눈에 들기 위해서거나, 누구의 기준을 충족시키기 위해서 살지 말고 진정 자기가 원하는 삶을 살라고 한다. 자기가 원하는 삶을 살기 위해서는 내가 어떤 사람인가에 대한 공부가 필요하다. 50대가 된 사람이라면 자신과 사이가 좋아질 필요가 있다. 나를 인정해주고, 내가 원하는 것을 해 보자. 그러면 노후가 자유롭고 풍성해질 것이다.

내일을 걱정하는 사람은 오늘을 제대로 살지 못한다. 이 책은 노후를 걱정하지 말고 노후를 위해 오늘을 스마트하게 살아보라고 얘기한다. 50세에 인생을 리스타트해서 남은 삶을 멋지게 달려가 보자고 권한다. 책을 읽고 나서, 앞으로 한국에서도 행복한 은퇴자들의 모습을 많이 볼 수 있으리라는 희망을 가져본다.

작|가|의|말

지금이 바로 삶의 방식을 바꿀 최고의 타이밍이다!

인생이 참으로 길어졌다. 얼마 전까지만 해도 '80세 시대'라고들 하더니, 이미 여성 평균 연령은 80세를 훌쩍 뛰어넘었고 남성의 장수화도 진행되고 있다. '90세 시대'라는 말도 이제는 전혀 낯설지 않다. 그러나 정년 퇴임은 60세 전후다. 65세까지 고용을 연장하려는 움직임이 빨라지고 있기는 하지만 대부분의 기업에서 일단 60세쯤에 마침표를 찍은 후 형식을 달리하여 일을 계속하게 만드는 시스템으로 향하는 단계에 있는 것 같다. 또한 저출산으로 인해 자녀 양육이 비교적 빨리 끝나는 추세이므로, 50대에 접어들 즈음이면 자녀 양육의 굴레에서도 해방된다.

그 이후의 긴 인생을 우리는 어떻게 살아가야 할 것인가? 몸도 마음도 건강하고 즐겁게 지내려면, 경제적으로도 사회적으로도 만족스럽게 지내려면 어떤 준비를 해야 할까? 슬슬 걱정은 되지만 '좀 있다가 생각해도 되겠지', 또는 '정년이 된 후에 천천히 고민하자' 고 생각하는 사람도 많을 것이다. 하지만 그건 너무 낙관적인 마인드다. 내가 실감한 바로는 그렇다. 결론부터 말하자면 '노후 준비' 의 최고 타이밍은 50대 초반이다.

나는 50대 후반에 일하던 병원을 그만두었다. 그 후 잠깐의 자유를 만끽하다가 58세에 지금의 직장을 얻었다. 그리고 오래 전부터 하고 싶었던 새로운 의료영역에 종사하며 제2의 인생을 시작했다. 그리고 2년 전부터는 '구카이(空海, 일본 헤이안 시대의 불교 사상가. 진언종의 창시자-옮긴이)' 를 공부하고 싶어 고야마대학교 대학원에서 공부를 시작했다. 공부를 하면 할수록 심오한 분야라 아마도 이것이 내 노후를 지탱할 필생의 과업이 될 것 같다.

이렇게 제2의 인생과 필생의 과업을 갖게 된 후 본격적인 노후가 빨리 왔으면 하고 기다리는 심정으로 60대를 맞이할 수 있었다. 특히 성공적으로 제2의 인생을 시작할 수 있었던 것은 주위의 도움이 있었고 또 운도 따라 주었기 때문임을 알기에 감사하고 있다. 하지만 솔직하게 이야기하자면 제2의 인생과 구카이 연구를 좀 더 빨리 시작했더라면 하는 후회도 있다. 그렇기 때문에 더욱 노후 준비는 40대를 마무리하는 시점에서 50대에 들어서자마자 바로 시작하는 것이 가장 좋은 타이밍이라는 생각을 하게 되었다.

앞으로 저출산 고령화로 인한 사회현상들이 본격적으로 밀어닥칠 것이다. 아마 50대 이상인 사람들의 생활은 지금보다 훨씬 더 어려워질 것이다. 이미 연금 지급 연령이 상향 조정되었고 건강보험과 간병보험의 부담도 증가 추세에 있다. 서서히 냉혹한 현실이 닥쳐오는 것이다. 그런 불안을 해소하기 위한 대책을 미리 준비해야 한다.

지금은 격차시대다. 앞으로는 마음이 넉넉한 즐거운 노후를 보내는 사람과 마음이 가난한 쓸쓸한 노후를 보내는 사람의 격차가 훨씬 더 커질 것이다. 40대를 보내며 50대에 접어드는 즉시 노후 준비를 시작하느냐 하지 않느냐에 따라 그 갈림길이 나누어진다고 해도 과언이 아니다. 나는 그렇게 확신하고 있다.

호사카 다카시

Contents

Chapter Five. 부부 관계 결국 남는 건 부부, 당신의 행복이 달려있다

부부 사이가 평온하고 따뜻하다면
인생은 그것으로 행복하다

Chapter Six. 자금 관리 살아있다면 매일매일 필요한 돈

노후 자금 관리, 꼼꼼한 전략이 필요하다

Chapter Seven. **원하는 대로 살기** **나답게 사는 것, 이제는 가능할까**

'보여지는 나' 말고 '있는 그대로의 나' 로 살아가기

Chapter One

천천히 그러나 늦지 않게 준비하는 공부

중년에 시작하는 공부가 남은 인생의 버팀목이 된다

90세까지 사회에서 불러주는 '지속 가능한 삶'을 살고 싶다면

누구나 한 번쯤 피터 드러커에 대해 들어본 적이 있을 것이다. 최근에는《만약 고교야구 여자 매니저가 피터 드러커를 읽는다면》이라는 책이 일본에서만 200만 부 이상 판매되었다. 드러커는 경영학을 전공했지만 전공뿐 아니라 다양한 분야에서 20세기 최고의 '지성'으로 칭송받아왔고, 지금도 전 세계에 그를 신봉하는 사람이 많다. 나와는 전문 영역이 다르기도 해서 그에 대해 자세히는 알지 못하지만, 그럼에도 불구하고 이 책의 가장 첫 머리에 드러커 이야기를 꺼낸 것은 그의 말에 크게 공감한 바가 있었기 때문이다.

"50세라면 한창 일할 때다. 그런 사람들이 일에 지쳐 버렸다는 것은 그들이 제1의 인생에서는 이미 종착역에 이르렀다는 것을 의미한다. 그 자신도 이 사실을 알고 있다. 자기 일에 더 이상 도전의식이 안 생긴다면 성장이 멈춘 것이다. 하지만 그가 능력이 있고 건강하다면 일의 종류만 바꿔도 다시 성장할 수 있다……."

나를 포함한 많은 사람이 드러커처럼 유능하지 못하다는 점을 감안해 조금 더 보통 사람들에게 맞게 얘기하자면 이렇다. "한창 일할 나이인 50세에 피곤하고 지겹다는 생각이 든다면 일하는 방식을 바꾸거나 뭔가 새로운 도전을 시작해보라. 그러면 다시 새로운 성장이 시작될 것이다."

드러커는 '경영학의 아버지'라고 불릴 만큼 세계적인 명성을 얻은 후에도 쉬지 않고 새로운 분야를 공부했다. 여러 언어와 아울러 철학, 자연학 등도 공부했다. 그것들을 집대성한 《미래의 결단-대전환기의 생존 매뉴얼》을 집필한 것이 80대 후반 무렵이었다. 그 무렵부터 드러커는 자신을 '사회생태학자'라고 이야기한다. 그가 끊임없이 책을 내고 강연활동을 이어갔기 때문에 사람들은 그의 인생이 도중에 전환되었다는 중요한 사실을 깨닫지 못할 수도 있다.

하지만 그는 '경영학'에서 '인류의 미래 행복'을 추구하는 분야로 관심을 전환했다. 그는 인생 후반에 제2, 제3의 영역으로 적극적 행보를 이어갔고, 꾸준히 연구하고 소통한 결과 많은 영역에서 훌륭한 성과를 거두었다. 그는 95세인 2005년에 사망했는데, 90세가 넘어서도 계속 일과 관련된 의뢰를 받았고 전 세계의 친구들과 물심양면으로 풍요롭고 충실한 인생을 보낼 수 있었다. 이 모든 것의 가장 큰 열쇠는 그가 50세라는 나이에 주목했다는 점이다. 누구나 지치기 쉬운 이 나이에 접어들 무렵 그는 자신이 좀 더 흥미를 가질 수 있는 분야로 끊임없이 새로운 공부의 장르를 옮기고 확장시켰던 것이다. 멋지게 셀프 매니지먼트를 한 것이다. 피터 드러커는 50세를 기점으로 '인생을 다면화'하는 데 성공했다.

드러커 이야기를 하다가 내 이야기를 꺼내는 게 조금 낯간지럽기는 하지만, 나는 현재 '의사'라는 일과 함께 머리말에서 소개한 것처럼 60세부터 시작한 '구카이 연구'라는 두 가지 세계를 가지고 있다. 나의 경험을 통해 보건대, 열심히 몰두할 수 있는 일이 두 가지 이상이면 신기하게도 두 영역 모두에서 재미가 늘어난다. 그러므로 "바빠서 일만 하기에도 힘에 부치다."라는 말은 선입견일 뿐이라고 자신있게 말하고 싶다. 사실은 나도 60세가 다 되어 대학원에서 공부를 시작하기 전까지는 '그럴 시간이 없다'고 생각하고 있었다. 하지만 시간은 만들고자 하면 만들어지는 법이다.

처음부터 '공부'라는 것에 너무 부담을 가질 필요는 없다. 골프든 장기든 꽃꽂이든 상관없다. 좋아하는 것을 조금 더 깊이 있게 해보자고 생각하라. 그것이 바로 제2의 공부를 시작하는 첫 걸음이 될 것이다. 50세부터 뭔가를 배우기 시작하면 내 인생의 버팀목이 되어줄 특기를 하나 더 키울 수 있다!

좋아하는 것을 파고들어라
그것이 인생을 지켜줄 공부가 된다

나는 2년 전에 다시 대학원에 들어가 새로운 공부를 시작했다. 그런 말을 하면 "저도 그렇습니다.", "저 아는 사람 중에도 그런 분이 있습니다."라고 여기저기서 말한다. 인생 후반을 위해 공부를 시작하는 사람들이 예상보다 많다는 사실에 가끔 놀라곤 한다.

에도시대(1603년~1867년)에는 '은거생활을 즐기는 것'이 이상적인 노년의 삶 중 하나였다고 한다. 은거라고 해서 아무것도 하지 않고 멍하니 지내는 삶이 아니라 좋아하는 취미에 몰입하거나 열심히 교양을 쌓으며 제2의 인생을 빛나게 산다. 노후가 되어서도 여전히 자신을 계속 연마하는 모습을 에도인들은 이상적으로 보았고 존경했던 것이다.

이러한 삶의 모범이 되는 사람을 꼽으라면 단연 이노우 타다타카를 들 수 있다. 오늘날에도 정확성을 자랑하는 '대일본연해여지전도(大日本沿海輿地全圖)'를 만들어 후세에 이름을 남긴 인물이다. 타다타카는 1745년 카즈사노구니 촌장 집안에서 태어나 18세에 술도가를 운영하던 시모우사노구니 사와라의 집에 양자로 들어간다. 그 후 열심히 일해 기울어가던 집안을 일으켜 세우는 등 가장으로서의 역할을 하며 충분한 성과도 거두었다.

그리고 50세에 모든 것을 내려 놓고 타다타카는 "이 날을 기다려왔다!"는 듯 어렸을 때부터 관심을 가지고 있었던 천문학을 정식으로 배우기 시작한다. 스승인 다카하시 요시토키는 그의 아들뻘 되는 젊은 학자였다. 요시토키도 처음에는 돈 많은 노인네의 취미생활쯤으로 가볍게 여겼던 것 같다. 하지만 타다타카는 그런 예상을 뒤엎고 맹렬히 공부해 순식간에 문하생 중에서 가장 출중한 실력을 갖추게 된다.

그래서 스승인 요시토키가 보측(步測) 지도를 작성하

게 되었을 때 고령임에도 불구하고 측량단에 참여할 수 있었고 그 후 총 10회에 걸쳐 지구 한 바퀴에 해당하는 거리를 걸어 다니며 타의 추종을 불허하는 정확한 지도를 완성하는 쾌거를 이루어냈다. 지금은 타다타카가 살던 시대보다 수명이 훨씬 길다. 50대부터 새로 배우기 시작해도 확실한 성과를 낼 수 있다는 자신감을 가지고 임해보자. 제2의 인생에 대한 목표를 가지고 있으면 현재의 인생도 성실하게 가꿀 수 있다.

공부라고 하면 대학 진학이나 자격증 따기를 떠올리는 사람이 많다. 하지만 공부란 훨씬 더 광범위하다. 요리나 핸드메이드 같은 취미도 생각을 조금만 바꾸면 '공부'로 발전시킬 수 있다. 나와 같은 직장에 다니는 젊은 의사의 어머니는 현재 70대 중반인데, 40대 중반쯤 아들이 다 성장하고 할 일이 없어지자 별 생각 없이 근처의 퀼트 교실에 다니기 시작했다. 그 때는 선생님이 내주는 숙제를 하는 정도였다고 한다.

그러던 어느 날 도서관에서 우연히 퀼트의 역사에 관한 책을 보게 되었고 완전히 매료되고 만다. 퀼트의 역사에는 가난한 생활 속에서도 아름다움을 추구했던 사람들의 마음이 담겨 있어서 인간의 위대함을 느낄 수 있었단다. 그녀는 외국에 가서 옛날 퀼트 작품을 직접 보고 싶다는 생각이 간절해졌다. 그러기 위해서는 영어 실력이 필요하다는 생각에 당장 영어 회화를 공부하기 시작했고 여행 경비를 마련하기 위해 도시락 가게에서 파트 타임으로 일하기도 했다. 본격적인 준비에 들어간 셈이다. 실제 미국에 가서 서부와 남부를 돌며 각지에 남아 있던 퀼트 작품을 볼 수 있게 된 것은 그로부터 몇 년 후, 50대가 거의 끝나갈 무렵이었다.

그러는 동안에도 계속 패치워크를 만들었는데, 역사에 관심을 갖게 된 이후로는 그녀의 작품에 한층 더 깊은 멋이 깃들게 되었다.

그러던 어느 날, 어머니가 소속된 퀼트 모임의 팸플릿이 여성지 편집자의 눈에 띄게 되었고 작품이 잡지에 실리게 되었다. 그 이후로는 일사천리로 진행되었다. 몇 번인가 잡지에 실리더니 해외 퀼트전에도 작품을 출품하고 수상도 했다. 지금 그녀는 해외에도 이름이 알려진 퀼트 작가로 활약하고 있다. 50세에 시작한 퀼트 문화 탐구가 어느덧 20년이 지났고, 해외를 다니며 찾은 자료와 컬렉션도 상당히 많아져 스스로도 놀랍다며 웃으신다고 한다.

누구나 한두 개의 취미는 가지고 있을 것이다. 이 어머니가 주부와 엄마라는 이름표를 떼고 퀼트 작가로 불리게 된 것은 '공부' 하는 자세로 취미에 몰두했기 때문이다. '공부' 라는 의식이 더해짐으로써 퀼트 세계의 역사와 문화를 파고드는 시선이 생긴 것이다. 공부할 수 있는 과제와 재료는 어디에든 숨어있다. 50대부터 시작한다면 노후에는 그것이 당신을 넓고도 심오한 세계로 안내해 줄 것이다. 좋아하는 것을 파고들어라. 그것이 당신의 인생을 지켜줄 최강의 '공부' 가 될 것이다.

중년의 '진짜' 공부로 지루하지 않은 인생을 살 수 있다

현재 고령자 대열에 합류한 단카이 세대(제2차 세계 대전이 끝난 후인 1947년~1949년에 태어난 일본의 베이비 붐 세대—옮긴이)에게 인기 있는 것이 '수타 메밀국수'다. 나는 2년 전부터 식생활을 대폭 수정했는데, 아침에는 야채 주스, 점심은 메밀국수, 저녁은 생야채나 따뜻하게 요리한 야채를 먹었더니 체중이 5킬로 이상 빠지는 등 몸 상태가 매우 좋아졌다. 그런 관계로 메밀국수에 대해서는 꽤 까다로운 입맛을 갖고 있다.

도쿄에서 조금 떨어진 야마나시에 한 메밀국수집이 있다. 주인은 50대에 접어들 무렵 '정년퇴직 후에 뭐든 몸을 써서 몰두할 수 있는 일을 하고 싶다'는 생각으로 정원사나 숲 해설가 등을 알아보다가 '수타 메밀국수 집'을 개업했다. 원래부터 상당한 메밀국수 마니아였던 것이 가장 결정적인 계기였다. 50대에 들어 문화센터의 수타 메밀면 강좌를 다니며 가끔 가족과 친척 모임에서 수타 메밀국수를 내놓곤 했는데 매번 엄청난 호평을 얻었다. 그 때 기분이 매우 좋았던 것도 큰 이유가 되었다고 말했다.

지금 가게 자리는 처가 소유의 집이기 때문에 개업 자금은 도구와 집기류 등을 사기 위한 최소한의 금액으로 가능했다. 그리고 주말이면 관광객으로 꽤나 붐비는 지역이라 주말에만 영업하고 있다. 튀김을 튀기고 손님을 맞이하려면 부인과 자녀들의 도움도 필요했는데, '이제 겨우 여유로운 노후를 맞이했는데 매일 일하는 건 싫다'는 부인의 의견에 따라 주말만 오픈하게 된 것이다.

그 지역에서 캔 산나물을 튀김 재료로 해서 내고 메밀 씨앗을 이용한 반찬을 제공하고 있는데 이것 역시 상당히 인기가 있다. 작은 가게인데다 주말에만 영업하기 때문에 자연히 단골손님들끼리도 낯을 익히게 되었다.

O씨는 내가 이 가게에서 가끔 만나 친하게 된 이로 '메밀국수라면 사족을 못 쓰는 친구' 다. 50대쯤으로 보이는 O씨도 부부가 함께 오는 단골 중 한 명이다. O씨의 부인은 빵 만들기를 본격적으로 배우고 있다고 하면서 직접 만든 빵을 한두 번 나에게 선물하기도 했다. 빈말이 아니라 정말 맛있었다. 남편이 상사에 근무한 덕분에 여러 나라에서 빵을 먹어 본 경험을 잘 살렸다는 느낌이 들었다. O씨 부부는 점점 진지해져서 최근에는 "정년퇴직을 하면 천연 효모 빵집을 열 생각입니다."라는 계획까지 들려 주었다. 이미 남편도 제빵 교실에 다니고 있으니 본격적인 모드에 돌입한 상태다.

바야흐로 일본인의 식비에서 선두를 차지하는 것이 빵이다. 발표에 따르면 2011년 연간 한 세대 당 빵 구입 금액이 쌀 구매 금액을 웃돌았다. 한 세대 당(1인 가구와 농임어업에 종사하는 세대를 제외함) 쌀을 사기 위해 지출한 돈은 27,777엔. 반면에 빵을 구입한 금액은 28,371엔이다. 건강에 대한 요구가 높아져 천연 효모 빵집은 괜찮은 선택이라는 생각이 든다.

무엇보다 좋은 것은 O씨 부부에게 공통의 목표가 생

졌다는 점이다. 이들 부부는 메밀국수집을 개업한 주인에게 가게 경영의 어려움을 들으며 '단순한 동경'에서 일종의 각오를 동반한 '현실적인 이야기'로 구체화시키고 있는 것 같았다. 정년 후의 인생계획은 꿈이나 동경만을 좇아서는 안 된다. 현실적인 조건까지 염두에 두고 실현시켜 나가야만 성공할 수 있다. 그러기 위해서라도 충분한 도움닫기 기간을 가질 수 있는 50대부터 준비를 시작하라고 권하고 싶다. 주어진 일만 하던 인생에서 주체성을 가지고 신나게 일하는 인생으로 바꿔보자.

중년에 취미를 가지면
퇴직 즈음에는 준 전문가가 될 수 있다

컴퓨터가 보급된 후 사진을 넣어 직접 만든 연하장을 자주 볼 수 있다. 젊은 동료가 보내는 연하장은 어린 아이를 안고 있는 흐뭇한 사진이 대부분이다. 40대와 50대가 되면 부모의 연하장에서 아이들이 서서히 사라지고, 부부나 자신의 여행지 혹은 자신이 지금 열중하고 있는 것에 대한 사진이 많아진다.

내가 올해 받은 연하장 중에서 단연 눈길을 끈 것은 일본 전통 옷을 입은 사진이었다. 후배 의사가 보낸 것이었는데, 분명 작년까지 그의 엽서는 축구 유니폼을 입은 사진이었다. 의학부 시절에도 축구를 즐기던 그였다.

의아해하며 엽서를 읽어보니 올해부터 다도를 배우기 시작했다고 적혀 있었다. 궁금해서 통화를 하고는 다음과 같은 사정이 있음을 알게 되었다.

그가 축구와 더불어 푹 빠져 있던 것이 역사소설이었다. 늘 가방에 두세 권의 역사소설을 넣고 다니는데 특히 노부나가와 히데요시 시대의 이야기를 좋아한다고. "다도에 빠지게 된 것도 전국시대 무사들이 왜 그렇게 차를 중요하게 생각했는지 관심을 가지면서부터 였어요."라는 말이었다.

역사 드라마에 이끌려 다도를 배우기 시작했다가 그 심오함에 완전히 빠져버렸다며 웃는 후배. "지금처럼 계속 배운다면 정년을 맞을 때쯤엔 대가가 되어있겠다."며 서로 웃었지만, 결코 농담이 아니었다.

50대부터 새로운 취미를 시작하더라도 철저하게 탐구할 시간은 충분하다. 역사소설을 좋아하다 다도로 이어진 것처럼 좋아하는 것의 주변을 찾아보면 '하고 싶은 무언가'를 반드시 찾을 수 있을 것이다. 다도처럼 '도(道)'를 연구하는 취미는 늦어도 50대부터는 시작하기 바란다.

H씨는 독신으로 계속 일을 해 온 여성이다. 결혼하고 싶은 마음이 없었던 것은 아니지만 눈앞의 일에 쫓기다 보니 어느새 50대가 되었다. 이 상태로 계속 혼자 살게 될 것이라는 생각이 들자 H씨는 '회사'라는 현재 생활의 주요 무대가 없어진 후 무엇으로 자신을 지탱해 나갈 것인지 진지하게 생각하게 되었다고 한다.

혼자서 인생을 즐기는 타입이므로 여행, 그림 그리기, 꽃꽂이, 샹송 부르기 등 다양한 취미를 가지고 있고 매일 나름대로 즐겁게 지내고 있다. 하지만 직장을 그만둔 후에도 이 취미들이 삶의 보람이 되어줄까? 아무리 생각해도 '예스'라고 고개를 끄덕일 수 없었다. 보람이 되려면 취미의 수준을 벗어나 인정을 받는 수준까지 도달해야 만족할 수 있을 것 같다는 것이 그녀가 내린 결론이었다.

많은 취미 중에서 무엇을 중점적으로 하면 좋을까 생각한 끝에 H씨가 선택한 것은 그림이었다. 어린 시절부터 그림 그리기를 좋아했고 미술대학에 진학하고 싶었지만 경제적 사정 때문에 단념할 수밖에 없었던 H씨에게 그림은 불완전 연소 상태로 자기 안에서 꺼지지 않고 남아 있던 꿈이었다.

이제는 스스로 일해서 번 돈으로 공부할 수 있다. 자신이 좋아하는 길을 선택할 수 있는 것이다. 그래서 H씨는 교토에 본교를 둔 사립미술대학의 통신교육 과정에 등록하고 본격적으로 유화를 배우게 되었다. 본격적으로 시작해보니 그냥 좋아서 자유롭게 그리던 때와는 달리 다양한 표현 테크닉이 있다는 것을 알게 되었고 유화뿐 아니라 아크릴화 도구의 사용법 등 배울 게 끝이 없다는 것을 뼈저리게 느끼게 되었다고 한다.

정년퇴직 할 때까지는 기술을 더욱 갈고 닦아 1년에 한 번 정도 개인전을 열어 친한 사람들에게 보여줄 생각이라고 한다. 그런 날을 꿈꾸며 H씨는 지금도 일과 미대생 생활을 병행하고 있다. 같은 미대 졸업생들 중에는 '동기회'를 만들어 함께 개인전을 여는 등 본격적인 활동을 하는 사람도 많다는 것을 알게 되었다. 이 점도 H씨에게는 커다란 자극이 되었다.

지금 당신의 흥미를 끄는 것이 있고 그것을 새로운 취미로 살리고 싶은 마음이 있다면 50대에 일단 시작하기를 권한다. 나이가 들면 누구라도 기억력이나 의욕이 조금씩 떨어지고 미지의 영역에 발을 들여놓기가 서서히 귀찮아진다. 50대에 시작한다면 바쁠 때는 쉬어도 괜찮다. 조금 싫증이 나면 게으름을 피워도 된다. 그렇게 꾸준히 계속하다보면 정년퇴직 즈음에는 이미 10년 경력의 '선수'가 되어 있을 것이다. 슬슬 전문가 대열에 합류하게 되는 것이다.

그 정도만 쌓여도 온전히 하나의 자기 세계를 가지고 아주 자연스럽게 계속할 수 있게 된다. 그쯤되면 같은 취미를 즐기는 친구도 늘 것이다. 이런 친구는 퇴직 후의 인생에 없어서는 안 될 가장 즐거운 인간관계를 만들어준다. 취미를 한두 개로 축소해 본격적으로 공부해보자.

언젠가, 나중에, 미루지 말고 지금부터 퇴직 후를 고민하라

사람의 일생은 매일 평범한 일상의 반복이다. 원래 인생이란 강물은 끊임없이 흘러가는 것이다. 나이를 먹어감에 따라 그 속도는 조금씩 변하겠지만 몸이 따라주는 한도 내에서 지도 위의 내 길을 걸어가면 된다. 지금도 농업이나 어업에 종사하는 사람들, 물레를 돌리며 도자기를 만들거나 염색을 하는 사람들은 나이를 별로 의식하지 않고 몇 살이 되었든 자신의 페이스대로 일을 계속한다.

'쓰루베의 가족에게 건배'(NHK)라는 텔레비전 프로그램은 쇼후쿠테이 쓰루베 씨와 게스트가 각지의 마을을 다니며 우연히 만나는 사람들과의 교류를 즐기는 리얼 여행 프로그램이다. 이 프로그램의 인기 비결은 이런 삶을 사는 사람들이 지방에는 아직 많다는 것을 알려주기 때문이다.

80세인데도 "지금 막 바다에서 오는 길"이라거나 "올해는 귤의 작황이 좋아요."라며 싱글벙글하는 할머니처럼 '평생 현역'을 유지하며 사는 사람들의 건강한 모습에서 도시 샐러리맨의 유약한 삶의 방식과는 근본적으로 다른 강인함이 느껴진다.

월급쟁이나 공무원의 정년은 평생이라는 일련의 흐름에 억지로 선을 긋는 제도다. 생각하기에 따라서는 이렇게 불합리한 일이 없다. "체력도 두뇌 회전이나 기억력도 일을 계속할 수 없을 정도로 쇠퇴하지는 않았다"고 외치고 싶은 사람도 많을 것이다. 그러다 보니 그 갈림길에 대해서는 신경을 쓰지 않게 되는 것이다.

정년을 아직 먼 훗날의 일이라고 생각하고 싶어 하는 그 마음은 충분히 이해한다. 현재 도시에서 일하는 사람들 대부분은 월급쟁이다. 이런 식으로 계속 일을 해 온 이상 모진 현실을 도저히 감당하기 어렵다.

다만 한 가지 대책이라면, 의식적으로 '정년'이라는 선을 그은 후 가끔씩 정년까지 남은 시간, 나아가 정년 후의 인생에 남은 시간을 계산하면서 향후 삶의 방식을 주체적으로 고민하는 수밖에 없다.

"시간은 제 멋대로 자기 페이스대로 자꾸만 흘러갑니다. 그리고 문득 깨달았을 때는 결승점이 눈앞에 보이지요. 결승점을 보고 나서야 비로소 페이스 분배가 문제임을 알게 됩니다. 그래서 초조해지죠."

전 도쿄대 교수인 요로 타케시 씨는 60세가 정년이었지만 57세에 도쿄대를 그만두고 집필과 강연활동에 힘쓰기 시작했다. 400만 부가 넘는 베스트셀러 《바보의 벽》을 쓰게 된 것도 단호한 선긋기의 성과였다고 할 수 있을 것이다. 물론 그가 퇴직을 앞당긴 목적이 베스트셀러를 쓰기 위한 것은 아니었겠지만.

일설에 따르면 요로 씨는 조기 퇴직 후 하코네에 곤충정리를 위한 별장을 짓고 그곳에서 어릴 적부터 취미였던 곤충의 세계에 흠뻑 빠져 있었고, 그 사이사이에 집필과 강연을 다녔다고 한다. 취미에 탐닉할 수 있는 노후는 누구나 원하는 삶이다. 요로 씨여서 그것이 가능했던 것이 아니라, 호사를 누릴 생각만 하지 않는다면 누구라도 가능하다고 생각한다.

오해가 없도록 말해 두자면, 나는 결코 조기 퇴직을 권할 생각은 없다. 요로 씨의 경우에도 57세에 퇴직한 것은 그 무렵 건강검진에서 폐에 그림자가 있다는 말을 들었고, "이 나이에 그림자가 있다는 것은 결핵이 아니라 암이 틀림없다고 여겼기 때문"이라고 고백했다. 결과적으로는 암이 아니었고 요로 씨는 지금도 건강하게 활동하고 있다.

요로 씨 같은 사람도 이 정도의 '큰 사건'이 없었다면 조기 퇴직을 결심하기는 어려웠을 것이다. 그러니 대부분 조기 퇴직 같은 건 할 수도 없는 일이고 또한 경솔하게 조기 퇴직을 하는 사람도 없다. 중요한 것은 정년은 언젠가 반드시 닥칠 일임을 인식하는 것이다. 그리고 그 이후에 어떻게 할 것인지를 가끔 진지하게 생각해 보는 것이다.

50대가 되었을 때 슬슬 시작하지 않으면 퇴직 후를 위한 의식혁명은 이미 늦게 된다는 것을 명심하라. 시간은 눈 깜짝할 사이에 흐른다.

생각보다 긴 퇴직 후 30년, 반짝반짝 빛나게 살고 싶다면

정년퇴직 후에 우리에게 주어지는 시간은 상상 이상으로 길다. 대학을 졸업한 후 정년까지 일한 시간과 정년퇴직 후 자유롭게 쓸 수 있는 시간의 길이가 거의 같다는 말을 듣고, "그럴 리가 있나. 무엇보다, 오랜 세월 일해 왔으니 조금은 쉬어야지. 그럭저럭 하는 사이에 인생의 정년도 오겠지." 이런 식으로 느긋하게 받아들이는 사람과 "정년 후에도 그렇게 긴 시간이 남아있다고? 그렇다면 아직도 뭔가를 할 수 있겠군. 어떤 일을 하면 정년 후를 즐기면서 충실하게 보낼 수 있을까?"라고 적극적인 자세로 정년 후의 삶을 구체적으로 생각하기 시작하는 사람이 있다. 두 말할 것도 없이 제2의 인생을 빛나게 살 수 있는 사람은 후자다.

우선 정년 후에 주어지는 시간이 대학 졸업 후 정년까지 일해 온 시간과 거의 같다는 것을 증명해보자. 22세부터 일하기 시작해 정년인 60세까지 38년간 주 2일 휴일, 1년간 250일을 하루 8시간 노동으로 일했다고 하자. 이럴 경우 총 7만 6천 시간을 일했다는 계산이 나온다. 만일 정년 후에 24시간 중 식사와 수면 등 생활에 필요한 시간을 제하고 하루 10시간을 자유롭게 쓸 수 있는 시간이라고 한다면, 인생 80년 시대이므로 '10시간×365일×(80-60)년'이 우리에게 주어진 시간이다. 이것을 계산하면 정년 후의 시간은 7만 3천 시간이다. 정말 놀라운 일이다.

하지만 75세를 넘기고 80세의 후기 고령자가 되면 더 이상 아무것도 할 수 없지 않느냐고 생각할 수도 있다. 그러나 그렇지 않다. 최근에는 80세인데도 놀라울 정도로 에너지가 넘치는 사람이 많아졌다. 역사상 최고령인 80세에 세계 최고봉인 에베레스트 등정에 성공한 미우라 유이치로 씨가 새삼 생각난다. 그 밖에도 세라와 KDDI를 창업하고 현재는 JAL의 CEO로 있는 이나모리 카즈오 씨, 이시하라 신타로 씨, 이쓰키 히로유키 씨, 구로야나기 테쓰코 씨, 다카쿠라 켄 씨, 히라미키 지로 씨……. 모두가 80세 전후다. 하지만 젊은 사람들이 무색할 정도로 정력적으로 활약하고 있다.

저출산 고령화라는 말은 귀에 못이 박히도록 들었을 것이다. "그 결과 일본은 어떤 문제에 직면할 것인가?"라고 질문하면 대부분 "젊은이가 고령자를 부양하는 구조가 붕괴되어 연금 등의 고령자 복지 기반이 위태로워질 것이다."는 인식을 나타내는 정도다. 저출산 고령화에서 가장 심각한 문제는 일본경제를 지탱하는 노동시장이 작아진다는 것이다. 그 결과 나라를 지탱하는 경제가 약체화된다.

노동력 인구의 연령 구성비를 살펴보면 2010년에는 15~24세의 젊은 층이 8.4%를 차지했다. 그것이 2020년에는 7.8%가 된다. 25~34세는 2010년 20%에서 2020년에 16.8%, 35세부터 44세는 23.1%에서 21.5%가 된다. 이 젊은 노동력의 감소를 보충하지 않으면 일본 경제는 성장은커녕 현상 유지조차 할 수 없게 된다. 그래서 기대되는 것이 시니어 층과 주부 등 여성층의 노동력이다.

앞으로 고령기를 맞게 될 현재의 50대는 정년 후에 일을 계속해 일본 경제를 유지하는 힘이 되어 줄 것을 사회적으로도 요청받고 있다. 현재 고령기에 접어든 이들의 사고방식도 크게 변하고 있어서 60세 이상의 남녀에게 질문한 결과 실제로 36.8퍼센트가 "일할 수 있는 동안에는 계속 일하고 싶다."고 대답했다.(내각부 '고령자의 지역 참가에 관한 인식 조사' 2008년)

다만 일하는 방식에 대해서는 좀 더 다양하게 생각해야 한다. 현재 50대 노동자 대부분은 아침 일찍 출근해서 늦게 퇴근한다. 휴일은 피로를 풀기에 급급한 하루하루를 보내는 사람이 대부분일 것이다. 이런 노동 방식은 당장 개선되어야 한다. 더구나 정년 후에는 좀 더 여유 있는 노동방식과 삶을 원하게 마련이다.

그런 삶으로 갈아타기 위해서라도 50대부터 서서히 사고방식을 바꾸어 일하는 방식을 포함한 라이프스타일을 자신이 원하는 형태로 조금씩 방향전환해야 하는 것이다. "이대로 멍하니 나이만 먹어도 괜찮을까?" 50

대가 되었다면 때때로 이렇게 자문자답도 하고, 가족과 함께 앞으로의 삶과 생활방식에 대해 대화하는 기회를 가져보는 것이 필요하다. 정년 후에도 지금까지 일해 온 것과 같은 만큼의 시간이 기다리고 있다. 그것을 어떻게 활용하면 좋을지 잘 생각해보자.

[서울시 인생이모작센터]

서울시가 베이비부머 세대의 은퇴 후 제2의 인생 설계를 돕기 위해 건립하였다. 은퇴 후 경제활동을 희망하는 시민에게 재취업과 창업을 지원하고, 사회공헌을 원하는 시민에겐 재능기부 기회를 제공하고 커뮤니티 활동을 지원하는 시니어를 위한 복합문화공간이다.

'40대를 위한 거위학교', 시니어 환경전문자원봉사단, '내 인생의 무한도전 세상을 바꾸는 시니어' 강좌, 도농 일자리 교환사업, 경로당 코디네이터 모집, 협동조합 설립 지원 사업 등 다양하고 유용한 행사들을 주관한다. 은평, 종로, 노원 등에 개관하였으며 홈페이지를 통해 정보를 얻을 수 있다.

▶**홈페이지** www.seoulsenior.or.kr

[장년나침반 생애설계 프로그램]

장년나침반 프로젝트 생애설계 프로그램은 고용노동부 장년고용종합대책 일환으로 50대에 진입한 장년 근로자가 직장생활과 경력을 돌아보고 직장 내 향후 진로, 퇴직 후 계획 등을 미리 점검할 수 있도록 하는 프로그램으로 1~3일 과정으로 운영한다.

중장년기 특성 이해, 나를 위한 생애설계 구상, 경력자산 도출 및 활용 사례, 50대 경력유지와 발전, 경력전성기 확장, 경력자산 활용, 평생현역 50대를 위한 전문성 개발 전략 등 다양한 내용으로 구성된다. 전국 9개 지역센터에서 진행되며, 만 50세 이상 재직근로자는 누구나 무료로 교육에 참여할 수 있다.

▶**홈페이지** www.lifeplan.or.kr

[서울시 여성능력개발원]

서울시에서는 17개 여성인력개발센터, 5개 여성발전센터, 여성능력개발원 등 총 22곳의 기관을 운영하고 있다. 여성의 잠재능력을 개발하고 사회에서의 경쟁력을 강화할 수 있도록 취업정보나 창업정보, 그리고 다양한 교육프로그램 서비스를 제공하고 있다.

▶**홈페이지** womanup.seoulwomen.or.kr

[고용노동부 워크넷]

나이에 관계 없이 대한민국 모든 일자리정보를 얻을 수 있는 곳. 구인, 구직, 직업 및 진로 3가지 카테고리로 구성되어 있으며 시간선택제 일자리, 기업소개, 취업 성공 패키지, 장애인고용포털 등과 연계되어 있다. 특히 시간선택제 일자리는 육아와 일을 함께하는 여성근로자, 일을 더 하고 싶지만 퇴직을 앞둔 장년층, 학업과 일을 병행하고자 하는 근로자 등에게 유용한 루트다.

▶**홈페이지** www.work.go.kr

[장년 일자리 희망넷]

1:1 맞춤 재취업 컨설팅 제공전문 취업 컨설턴트를 전담으로 배정하여 개인의 적성과 역량에 맞는 구직전략을 취업컨설팅과 함께 제공하는 곳. 단순 구직·창업 정보만 제공하는 것이 아니라 교육 및 상담, 사무공간을 제공한다. 또 적합한 기업에 인재를 추천하며 재취업·창업 교

육강의도 진행하는 등 체계적이고 종합적인·전직지원서비스를 제공한다. 교육 및 상담, 사무공간도 제공하고 있다.

▶**홈페이지** www.4060job.or.kr/index.do

[서울시 고령자 취업알선센터]

서울시 거주 55세 이상의 고령자를 위한 취업알선 전문기관. 각 지역별로 25개의 고령자취업알선센터가 개설되어 있다. 고령자 일자리박람회 개최, 구인구직 전화상담, 다양한 세미나 등의 행사를 주최하고 있다.

▶**홈페이지** www.noinjob.or.kr

[서울시 동부교육기술원]

서울에 거주하는 시민을 대상으로 하며 건축인테리어, 웹서버마스터, 의상디자인, 그린카정비, 스마트웹디자인, 조경관리, 조리, 특수용접, 전기공사, 에너지진단설비 등을 전액 무료로 수강할 수 있다.

▶**홈페이지** www.dbedu.or.kr

[평생현역학교]

고령화 시대를 맞아 은퇴자들의 재취업과 창업은 물론, 노후생활을 즐기기 위한 다양한 정보를 제공하는 블로그. '나무생각'과 '서해문집', '어른의시간' 등 출판사들이 합동으로 운영하는 블로그로 은퇴자들의 재교육과 창업 등 사회활동 참여에 보탬이 되는 신간 등 다양한 정보를 선별해 소개하고 있다.

▶**홈페이지** blog.naver.com/senioreye

Chapter Two

일 찾기

즐길 수 있는 일을 발견한다면 당신은 행운아

'돈' 말고 오래 할 수 있고 '좋아하는 일'을 찾아라

퇴직 후 재취업에서
강력한 스펙이 되어줄 자격증에 도전하라

성루가국제병원 명예원장 히노하라 시게아키 선생은 1911년생이다. 100세를 몇 해 넘긴 지금도 여전히 정력적으로 일을 해내고 있다. 히노하라 선생은 이전부터 '65세 이상을 노인'이라고 부르는 유엔과 WHO(세계보건기구)의 개념은 현재의 실태에 맞지 않다고 생각하고 '노인은 75세 이상'이라는 개념을 주장해왔다. 이 주장에 따르면 75세까지는 '현역 세대'다. 적어도 이 나이대까지는 일을 하며 사회와의 접점을 유지하겠다는 생각으로 50대부터 이를 위한 인생 설계를 시작하자. 그리고 할 수 있는 일부터 행동으로 옮겨 나간다면 확실히 빛나는 제2의 인생을 살아갈 수 있을 것이다.

'인생을 이모작으로 산다'는 사고방식은 어떨까? 이모작이란 같은 경작지에 1년에 두 종류의 다른 작물을 재배하는 것을 말한다. 같은 작물을 두 번 짓는 경우에는 이기작이라고 한다. 즉 이모작 인생이란 정년 후에 지금까지와는 다른 일을 하거나 다른 삶을 사는 것이다. 정년 전과 같은 일을 계속하는 것도 나쁘지는 않겠지만, 아무래도 젊었을 때 자신이 했던 일과 비교하면 나이가 들어 의욕을 계속 유지하기가 어려울 수도 있을 것이다. 나도 정년까지는 의사 일을 하고 그 후로는 불교 연구에 본격적으로 뛰어들고 싶다는 생각으로 '이모작 인생'을 향해 나아가고 있다.

만일 당신이 이모작 인생을 추구한다면, 정년퇴직을 한 후 또 하나의 인생을 시작하는 건 너무 늦을지도 모른다. 그러나 필요한 자격을 취득해 두는 등 정년 이후 할 일을 정해 준비해간다면 '두 번째 인생의 일과 삶'으로 자연스럽게 나갈 수 있을 것이다. 정년 전부터 조금씩 다음 일을 위한 준비를 시작하자.

정년퇴직 후, 이전에 경험해보지 못한 영역으로 진출

할 생각이라면 믿을 것은 역시 자격증뿐이다. "저는 ○○를 잘합니다. 실력을 꼭 좀 봐주십시오."라고 소리쳐 봐야 여간해서는 통하지 않지만, "저는 ○○자격증을 가지고 있습니다."라고 말하면 그것만으로도 신뢰를 얻을 수 있다.

"오랫동안 회사에서 경리 쪽으로 한 우물을 팠습니다. 세무대책과 세무처리가 주특기입니다."라고 아무리 말해봐야 월급쟁이는 회사를 그만두고 나면 다 똑같은 대우를 받는다. 아무리 실력이 있어도 인정받기 어렵다. 하지만 "세무사 자격증을 가지고 있습니다."라고 말하면 단번에 오케이다. 정년 후에도 일을 계속하고 싶다면 자격증을 따 두는 것이 가장 좋은 길이라고 해도 과언이 아니다.

정년 후의 재취업을 원할 때 '무기'가 되는 자격증, 중장년층에게 인기가 있는 자격증에는 다음과 같은 것이 있다.

• 중소기업진단사(한국의 유사 자격증은 경영지도사-옮긴이)
: 넓은 의미에서 중소기업의 현황을 분석하고 진단하

며 나아가 발전을 위한 경영 시스템의 구축 등을 구체적으로 조언하는 일. 대기업의 경영논리와는 다른 중소기업의 경영을 이해하고 있어야 한다.

- 행정서사(한국의 행정사-옮긴이) : 관공서에 제출하는 서류와 권리 의무에 관한 서류 등의 작성 및 제출 대행과 그 상담 등을 하는 일.
- 사회보험노무사 : 사회보험이나 노동보험(산재보험과 고용보험)과 관련해 행정기관에 제출하는 서류 및 장부를 작성하고 상담 및 지도를 한다. 기업에서는 인사와 고용 등 노무와 관련된 상담과 지도를 한다. 급여 계산, 사회보험에서의 사상병(노동자의 업무상 질환 이외의 질병을 통틀어 이르는 노동 위생학 용어-옮긴이), 출산 및 사망 등에 관한 신청과 지급에 관련된 사무 수속, 고용보험의 신청 및 지급 등의 사무 수속을 하며, 개인적으로는 기업의 경우와 같은 수요와 더불어 연금과 관련된 상담과 지급 대행 등의 폭넓은 수요가 있다.
- 파이낸셜 플래너 : 투자가에게 자산운용의 조언을 할 수 있는 지식과 기량이 있다는 것을 나타내는 자격증. 개인의 라이프 스테이지와 생활설계에 맞춘 자산형성

계획을 상담해주거나 구체적인 계획안을 제안한다.

- 아파트 관리사(한국의 주택관리사-옮긴이) : 아파트 관리조합의 운영, 대규모 수선 등을 포함한 아파트의 유지 및 관리에 관한 컨설팅을 하는 아파트 관리 전문가임을 나타내는 자격증.
- 간병복지사 : 간병에 관한 전문적인 지식과 기술을 가지고 간병을 필요로 하는 사람에게 심신의 상황에 따라 간병을 해주거나 간병자를 대상으로 지도하는 일.

그밖에도 빌딩관리기술자, 보일러 기사, 전기주임기술자, 택지건물거래주임자 등과 간병사무, 홈헬퍼 등의 간병 관계, 보육사 등도 높은 수요가 있는 것 같다. 이런 자격증의 합격률은 중소기업진단사의 경우 1차 시험은 16.4%, 2차 시험은 19.7%(2011년도)였다. 사회보험노무사는 5.4%(2011년도). 파이낸셜 플래너는 1급 학과에서 9.2%, 2급에서 27.3%(2011년도)로 상당히 어려운 편이다.

재직 중에 시험을 치기 위해서는 통신교육을 수강하거나 자격시험 전문 강좌를 들으며 시험공부를 하는 사람이 많다. 혹시 시험에 실패하더라도 다음 해에 다시 도전할 수 있으니, 그렇게 몇 년에 걸쳐 자격증 취득의 꿈을 달성하는 경우도 적지 않다. 그렇지 않아도 바쁜 업무 틈틈이 공부하는 것이므로 한번에 합격하려고 들면 장벽이 너무 높아 좌절하기 쉽다. 50대에 시작한다면 몇 년에 걸쳐 취득하겠다는 여유 있는 계획을 세울 수 있다.

게다가 50대라면 의욕도 에너지도 충만할 것이다. 미루다가 나이가 더 들면 점점 기억력에 자신이 없어진다는 것도 생각해야 한다. 이런 생각을 해 볼 때, 난이도가 높은 자격증에 도전하는 사람이라면 늦어도 50대부터 공부를 시작한다는 마음으로 임할 것을 권한다. 자격시험에 도전한다면 재도전할 시간이 있는 50대에 하라.

실제 직업과 연결되는 자격증인지 꼼꼼하게 확인하라

어려운 자격증을 땄다고 해서 그것만으로 밝은 노후 설계가 보장되는 것은 아니다. 지인 중에 은행원이 있는데, 그가 다니던 은행에는 50대 전반에 1차로 퇴직할 수 있는 정년제도가 있었다. 그는 은행을 그만두고 제2의 일을 가져보겠다는 의욕에 가득 차 세무사 자격증 취득에 도전했다. 바쁜 업무 틈틈이 하는 공부였기 때문에 여러 해가 걸렸지만 마침내 목표를 달성했다.

세무사 자격증은 상당히 어려운 자격 중 하나다. 하지만 자격증을 땄다고 해서 바로 일을 시작할 수는 있는 게 아니라는 것을 나중에서야 알게 되었다. 우선 클라이언트 확보가 어렵다. 클라이언트를 구하지 못하면 어렵게 딴 자격증도 무용지물이 되고 만다. 클라이언트를 확보해 장부를 관리하고 납부해야 할 세금을 계산하는 일까지는 세무사 시험에 합격할 정도로 공부를 했으므로 쉽게 할 수 있을 것이다.

하지만 세무 처리에는 다양한 해석이 있고 교섭도 있다. 세무사 실무에서는 풍부한 지식과 함께 지역 세무서와 의사소통이 가능한 관계에 있느냐 없느냐 하는 조건도 매우 중요하다고 한다. 이를 위해서는 일정 기간 세무사무소를 운영해 본 경험이 효력을 발휘한다. 생각하기에 따라서는 난이도를 조금 낮춰 일을 찾기 쉬운 자격증을 선택하는 것이 더 실질적일 수도 있다.

T씨는 퇴직 전에 대형 전기회사에서 근무했다. 어릴 적부터 책을 매우 좋아했기 때문에 정년퇴직 후에는 책과 관련된 일을 하고 싶었다. 그래서 재직 중에 방송통신대학에서 도서관 사서 자격증을 취득했다. 퇴직하고는 곧장 도서관 운영 위탁을 맡고 있는 NPO 법인에 등록해서 지금은 자신이 살고 있는 지역의 도서관에서 파트타임으로 근무하고 있다. 책 정리를 하거나 어린이들

에게 책을 읽어주기도 한다. 보수는 용돈에 보탬이 되는 수준으로 그리 많지는 않지만 처음부터 수입이 목표가 아니었으므로 이 돈은 좋아하는 책을 마음껏 사기 위해 쓴다.

3명의 자녀를 둔 M씨는 막내가 대학에 들어가자 미용 전문학교에 입학했다. 어렸을 적부터 멋 부리기를 좋아해서 미용실을 여는 게 꿈이었지만 부모님의 반대로 사무직에 취직을 했다. 그곳에서 남편을 만났고 이후 전업주부로 가사와 육아에 전념해 왔던 것이다. 하지만 긴 노후를 생각하니 어떻게든 자신의 일을 가져야겠다고 결심하게 되었다. 고령의 어머니를 보살피면서 미용실에 가는 것을 부담스럽게 생각하는 노년이 많다는 것을 알게 되었다.

"미용실을 여는 건 자금적인 면에서 어렵겠지만 시설이나 노인 가정으로 찾아가는 출장 미용사라면 할 수 있겠다고 생각했어요."

자식과 같은 또래의 젊은 동급생과 함께 공부하는 건 상상했던 것보다 훨씬 힘들었다고 한다. 젊은 사람들이 한 번이면 배울 것도 자신은 두 번, 세 번 해야했지만 반드시 할 수 있을 것이라 생각했다. 어떻게든 뒤떨어지지 않으려고 열심히 노력해 마침내 졸업을 했다. 미용실에서의 실습도 상당히 고생스러웠지만, 같은 세대인 미용실 원장이 M씨의 의지를 높이 사 친절하게 가르쳐주었다고 한다.

염원하던 국가자격증을 취득하자 M씨는 사회복지사무소와 지역포괄센터의 도움을 받아 노인보건시설, 공적 및 민간의 노인시설을 돌며 헤어 커트 등의 미용 서비스를 받지 않겠느냐고 묻고 다녔다. 요금은 일반 미용실의 거의 절반 가격으로 정했다. 설비 문제로 머리를 감을 수 없으므로 커트만 전문으로 했다.

최근에는 재택 요양을 하는 노인들로부터 요청이 늘어서 예약을 받을 정도로 번성 중이라 한다. "머리를 잘라 드리면 '개운하다'며 많이 좋아하셔서 정말 보람을 느낍니다. 말벗도 되어드리고 하니 노인들께는 의외로 젊은 사람보다 저 같은 나이가 더 좋은 가봐요."라며 웃는 M씨. 50대부터 전문학교에 다니기 시작한 노력이 결실을 맺어 M씨의 인생 이모작은 현재 활짝 꽃을 피우고 있는 중이다.

'자격증'은 실제로 활용할 수 있는 것인지를 확인한 뒤 선택하자. 다양한 직종이 세분화되는 가운데 '이런 자격증도 있나?'라며 놀랄 정도로 의외의 자격증도 생기고 있다. 제2의 직업 찾기에 무기로 쓰려면 이렇게 아직 잘 알려지지 않은 자격증을 따는 것도 전략 중 하나일 것이다.

그런 의외의 자격증을 몇 가지 소개한다.

- 상장서사 : 상장이나 감사장 등을 모필 수기하는 전문가. 최근에는 컴퓨터나 전용 기구를 사용해 상장이나 포장지, 초대장의 수신인명이나 발신인의 이름 등을 인쇄하는 경우도 있지만, 역시 직접 쓴 것에는 미치지 못해서 붓글씨 기술에 대한 수요는 끊이지 않을 것으로 생각된다. 같은 목적의 '붓글씨 필사검정'도 같은 자격이다.
- 건축모형제작 : 건축물을 지을 때는 반드시 '건축 모형'을 만든다. 최근에는 개인이 주문 주택을 지을 때도 만들게 되어 수요는 더욱 확대되고 있다고 한다.
- 보람 정보사 : 건강·보람개발재단이 인정하는 자격으

로 중장년의 정신 · 신체적인 건강의 유지 · 증진, 세컨드 라이프의 보람 창조 등을 지원하기 위해 필요한 정보를 제공하거나 라이프 플랜 작성을 지원한다.

- 무덤 디렉터 : 전국 1000여 개 사의 석재업자 조직인 '일본석재산업협회'가 인정하는 것으로 무덤의 종류, 모양, 역사, 석재의 종류와 가공법, 묘지 및 매장에 관한 법률, 장례에 관한 지식 등이 요구된다.
- 애완견 트레이닝 기사(한국의 애완견훈련사-옮긴이) : 애완견을 기를 때 필요한 훈련을 가르치는 훈련사.

그 밖에도 의외의 자격증이 많다. 좋아하는 일을 추구하면서 잘 알려지지 않은 자격증과 연결시키면 된다.

자격증을 따기 위한 도전이 인생을 버티게 하는 자신감이 된다

앞서 소개한 세무사 자격을 취득한 전 은행원은 세무사로서 곧장 일을 시작하는 게 어렵다는 것을 알고 오히려 각오를 다졌다고 한다. 오랜 사회 경험을 통해 책상 위의 학문이 실제 그대로 통용되지 않는다는 것쯤은 알고 있었다. 그래서 현실을 받아들이고 우선 현장에서 세무사 일을 배우는 것부터 시작하기로 했다.

세무사 자격증 시험 수업을 들으며 알게 된 젊은 친구 중에 부친이 세무사 사무소를 경영하고 있어 언젠가 후계자가 되기 위해 자신도 세무사 자격증을 준비하는 사람이 있었다. 그에게 "인턴으로 일할 수 있는 사무소를 아느냐?"고 물었더니 "그럼, 아버지께 얘기해 볼게요." 라고 흔쾌히 대답해 주었고, 지금은 그 부친의 세무사 사무소에 부하 직원 겸 인턴으로 다니고 있다.

아들은 다른 세무사 사무소에서 견습 중이다. 일을 배우려면 '남의 집 밥을 먹는 게 낫다'는 것이 그 부친의 방침이라 했다. "하지만 좋은 경험이었어요. 그대로 일에만 몰두했더라면 50대부터 뭔가를 진지하게 공부하지 못했을 거라 생각해요." 전 은행원은 환하게 웃었다.

50대부터라도 목표를 달성하기 위해 도전할 수 있었다는 사실이 향후 인생을 버티게 하는 자신감이 된다. 그렇지 못하더라도 자격 취득 과정에서 새로운 자극을 얻는 등 자격 취득에 한 발을 들여놓는 순간부터 인생의 후반부를 향한 새로운 발걸음이 시작된다.

중년부터 자격 취득에 도전하는 경우에는 이렇게 부차적인 효과를 즐기는 마음가짐도 중요하다고 생각한다. 오랫동안 잊고 지내던 '공부'와 진지하게 마주할 수 있다는 것은 상상 이상으로 기분 좋은 일이다. 자신에게도 아직 새로운 일에 도전할 힘이 남아 있다는 것을 재확인할 수 있기 때문일 것이다.

게다가 목표로 하는 자격증을 취득할 수 있다면 그보다 더 기쁜 일은 없다. 이런 생각으로 도전하면 시험공부는 즐거움이자 기쁨으로 바뀌게 된다. 자격 취득을 향한 도전은 새로운 자신감과 기쁨의 원천이다.

'평생 현역'으로 일하고 싶어하는 사람은 현재 남성 5명 중 1명, 여성 7명 중 1명에 달한다(전직 사이트 DODA, 2011년 조사). 평생 현역을 희망하는 사람은 더욱 늘어날 것이다.

- 일을 통해 자기실현과 성장을 할 수 있으므로.
- 일하는 것이 생활에 긴장감을 줄 수 있으므로.
- 일은 삶의 보람이자 즐거움이 되므로.

이렇듯 평생 현역을 희망하는 이유는 '그렇지'라며 고개를 끄덕이게 만드는 것들이 대부분이다. 하지만 그렇게 생각은 하면서도 실제로는 정년퇴직 후 일할 곳을 찾지 못한다. 그것도 현역시절에 유능했던 사람일수록 그런 사례가 더 많은 것 같다. 우수한 사람들인데 왜 그럴까? 사실은 우수하다고 자타가 공인하는 사람일수록

"나라면(그라면) 정년퇴직 후에도 여기저기서 일자리를 맡기겠지."라고 과신하기 때문이다.

실제로 현역일 때는 업무상의 교제도 많으므로 때로는 "정년퇴직을 하시면 꼭 저희 일을 도와주십시오. 부장님 같은 분이 도와주신다면 저희도 큰 도움이 되겠습니다."라고 달콤한 말을 건네는 경우도 있다. 하지만 이런 말이 현실로 이루어지는 경우는 거의 없다. 반은 사교성 멘트이고, 더러는 진심이었다고 해도 자기들끼리의 얘기일 뿐 회사 윗사람과 의논된 이야기가 아니므로 실현되지 않는 경우가 많다.

현역일 때는 조직에 속해 있었기 때문에 충분한 기량을 발휘할 수 있었던 것임을 깨닫지 못하는 사람도 적지 않다. 인맥이 있더라도 어느 정도의 예산을 움직일 수 있거나 조직에 속해있을 때 얘기다. 당신의 실력이라고 믿는 그 능력은 대부분 조직의 후원이 있었기 때문에 가능했던 일이다. 정년이 되어 조직을 떠나면 '벌거벗은 원숭이'나 마찬가지라고 생각하면 틀림없다.

달콤한 말을 곧이곧대로 믿고 낙관하기 이전에, 거품을 뺀 자신의 능력이 어느 정도인지를 냉정하게 직시하고 거기서부터 정년 후의 계획을 세우도록 하자. 명함에서 직함이 없어진 자신을 상상해 보라.

창업 등 새로운 삶의 방식도 생각해보자

조직에서 일을 하다보면 크든 작든 답답함을 느끼기 마련이다. 그래서 노후에는 좀 더 자유롭게 일하고 싶어 자립이나 자영의 길을 선택하려는 사람이 많다. 하지만 자립이나 자영을 하면 자기 뜻대로 일을 할 수 있을 것이란 생각은 낙관적인 생각이다. 초기 투자가 필요하다거나 경영을 위해 고군분투해야 하는 등 다른 식의 고생이 따를 수 있다는 것도 각오해야 한다.

나는 야마나시 출신인데, 야마나시 현은 수도권에 속하는 곳이라 정년퇴직 후 이주해 온 사람들을 자주 볼 수 있다. 얼마 전에도 차를 몰고 가다가 눈에 띄는 간판에 이끌려 블루베리 농장에 들어가 봤더니 자립 · 자영을 위해 야마나시로 이주해 온 경영자였다. 이야기를 들어보니 교사로 근무하다가 교육현장의 압박이 심해지자 정년 3년 전에 퇴직을 했다고 한다. 무엇을 할까 고심하던 중 퇴직 후 지방으로 이주한 선배에게 놀러갔다가 근처에서 블루베리 농장을 발견했다. '본격적인 농업은 힘들겠지만 이 정도라면 나도 할 수 있겠다' 고 생각하고 두 번째 직업으로 블루베리 재배와 농장체험 관광을 해보기로 결심했다고 한다.

그 이후로는 휴일마다 야마나시와 나가노 근교를 돌며 땅을 보러 다녔다. 가까스로 1500평의 농장을 저렴한 가격에 빌릴 수 있었고, 낡은 주택을 사서 하나하나 고쳐가며 수리했다고 한다.

이렇게 해서 블루베리 농장을 시작하게 되었고 지금은 물 만난 고기처럼 신이 나서 잘 익은 열매를 수확하거나 관광객을 충실하게 상대하며 하루하루를 보내고 있다, 라고 말했으면 얼마나 좋겠는가만, 모든 일을 혼자 하느라 이리 뛰고 저리 뛰는 형편이라고 한다. 시즌중에는 휴일도 없이 밭일을 하고, 손님을 맞이하고, 거기에다 블루베리 잼까지 만드느라 쫓기다보면 "선생님이었을 때가 더 편했다고 생각할 때도 있다."며 웃었다.

게다가 갚아야 할 대출금도 있어서 개업한 지 3년이 지난 지금도 적자다. 생활비는 연금에 의존하고 있다. 배우자가 교사라 생계는 걱정이 없는 듯하지만 "적자인 동안에는 직업이라기보다 취미생활에 가깝다는 소리를 들어도 어쩔 수 없죠."라며 씁쓸하게 웃었다.

만일 혼자서 이것저것 다 처리하는 게 힘들겠다고 생각한다면 정년퇴직자가 함께 모여 일을 구하는 방법도 있다. 시니어 전문 인재파견회사가 그 전형적인 예다. 그 중 하나인 '마스터 60'은 빌딩 시설 관리 기술자를 중심으로 활동을 시작해 최근에는 사무계 전문직도 파견하는 등 착실하게 일의 영역을 넓혀가고 있다. 65세부터 73세까지 7명이 모여서 중소기업을 위한 컨설팅을 하는 예도 있다. '가이젠 마이스터'가 그 회사인데, 구성원은 전 도요타 관련 기업에서 일하던 자동차 OB들이다. 주요 클라이언트는 중소기업으로, 도요타의 가이젠 노하우(도요타자동차의 비용절감을 위한 생산성 혁신 운동을 말한다. '가이젠'은 '개선'이란 뜻으로 자동차 업계에서는 일반 명사화되어 사용되는 용어다-옮긴이)를 중소기업에서도 실천할 수 있도록 노하우를 전수하여 호응을 얻고 있다고 한다.

마스터 60과 가이젠 마이스터가 발전하고 있는 것은 일을 하고 싶어 하는 고령자와 고령자의 능력이 신중하고 신뢰할 만하다고 여기는 사회의 수요가 상호 존재하기 때문이다.

강사 파견이라는 다소 독특한 파견업을 시작해 삶의 보람을 얻고 강사를 지망하는 고령자로부터는 큰 호응을 받는 경우도 있다. '다이가쿠(大楽)'는 시니어가 즐겁게 노후를 보낼 수 있도록 정보를 제공하고 활동을 전개하는 NPO 법인이다. 그 일환으로 시니어의 풍부한 경험과 전문지식을 적극적으로 살리고자 강사 소개 센터도 운영하고 있다.

강사 파견처는 각 자치단체가 주최하는 시민교실이나 고령자 대상의 평생학습단체다. 기업 연수에 나가는 경우도 있다고 한다. 강연 내용은 '고령사회·삶', '마음과 몸', '삶의 보람·나의 인생', '교육·가정', '취미·예술·평생학습', '스포츠·레저·여행', '엔터테인먼트·연예·사회', '비즈니스·연수' 등 다양하다. 강사는 현역시절의 경험자 뿐 아니라 취미가 발전해서 그에 상응하는 지식을 갖추게 된 사람이어도 가능하다. 관심이 있는 사람은 홈페이지에 접속해 강사 리스트에 등록해보는 건 어떨까?

IT 기업 사장이었다가 지금은 기업용 온라인 영어회화 교실을 개설해 성과를 올리고 있는 사람도 있다. 시니어가 되어도 의욕만 있다면 다양한 일을 찾을 수 있다. 자영업을 포함해 일자리는 다양하고 다채롭게 확대되고 있다.

창 업 관 련 정 보 를 얻 을 수 있 는 곳

- 창업진흥원 www.kised.or.kr
- 서울산업진흥원 sba.seoul.kr
- 소상공인 포털 www.sbiz.or.kr
- 중소기업청 www.smba.go.kr
- 중소기업진흥공단 www.sbc.or.kr
- 창업넷 www.startup.go.kr
- 미래글로벌 창업지원센터 www.born2global.com
- 서울일자리플러스센터 job.seoul.go.kr
- 서울시 소상공인 경영지원센터 www.seoulsbdc.or.kr
- 서울시 창업스쿨 www.school.seoul.kr
- 서울시 신기술창업센터 bi.seoul.kr

매일 출근하지 않아도 되는 '일자리 나누기'나 '협업'을 고민해보라

'오랫동안 일해 왔다. 이제는 매일 아침부터 밤까지 풀타임으로 일하는 건 싫다.'라고 생각하는 사람도 있을 것이다. "정년 후에는 인생을 적극적으로 즐기고 싶다. '매일이 일요일'인 것도 지루할 테고 무엇보다 치매에 걸릴까봐 걱정이다." 이런 이야기도 들린다.

일도 적당히 하면서 인생을 즐기는 시간도 갖는 것, 그런 욕심을 실현할 수 있는 것이 바로 일자리 나누기(job sharing)나 협업(Collaborative Work)의 노동방식이다. 퇴직 후의 일자리로도, 가사와 육아의 어려움 때문에 일을 포기해야 하는 여성층이나 자유로운 시간을 중시하는 사람들의 일자리 방식으로도 큰 주목을 받는 차세대형 일자리 형태라 일컬어지고 있다.

일자리 나누기란 두 사람 혹은 그 이상의 인원이 하나의 고용을 나누는 업무 방식이다. 출산 휴가에 들어가면 그 기간 동안만 다른 사람이 같은 일을 대신하는 경우가 있다. 쉽게 말하자면 평소에도 그런 식으로 일을 하는 것이라 생각하면 된다. 한 명이 일하는 일수와 시간이 단축되므로 자유로운 시간을 확보할 수 있는 반면에 수입도 나누게 된다.

원래는 실업률이 높아졌을 때 고용 배분법의 일환으로 고안된 일자리 방식이지만, 연금이라는 생활 기반이 있는 정년 후에는 장점이 많은 일자리 형태라 할 수 있다. 대부분의 경우 하나의 일을 어떻게 나눌 것인가는 고용측이 주도권을 가지고 지휘한다. 또 하나의 노동방식인 협업은 복수의 사람이 일을 한다는 점에서는 일자리 나누기와 같지만, 이것은 여러 명이 팀을 이루어 일의 분배 방식이나 일의 양을 배분하고 팀 내의 멤버끼리 연락을 주고받으며 일을 하는 방식이다.

예컨대 이런 경우가 있다. 어느 중소기업의 사무 업무

를 A씨가 맡아서 수주한다. A씨는 페이스북을 통해 이 일을 하고 싶어하는 사람을 모집한다. 희망자는 자신이 할 수 있는 일의 내용과 양을 신청하고 A씨는 희망자에게 가능한 일을 배분한다. 물론 페이스 북을 활용하는 것은 사례 중 하나이며, 서로 대화를 통해 절충하는 형식이라도 전혀 상관없다.

서로의 장단점과 일할 수 있는 시간, 희망하는 근무시간 등을 의논하고 서로 보완해 팀 전원이 '공동작업(collaboration)'으로 일을 마무리하는 것이다. 옛날부터 농민이나 어민 사이에서는 이웃끼리 상호부조하면서 일하는 관습이 있었으므로 일본에서는 친숙한 노동방식이라 할 수 있다. 협업은 멤버간의 커뮤니케이션이 원활하지 않으면 제대로 되지 않는다. 그러므로 커뮤니케이션 능력을 살려 팀에 참가한다면 인간관계도 넓어진다. 그런 의미에서라도 정년 후의 일자리 방식으로서 향후 점점 더 필요한 발상이라고 생각한다.

베테랑 봉제사인 Y씨는 집에서 일해도 좋으니 정년 후에도 지금처럼 봉제를 계속하고 싶다는 바람이 있었다. 하지만 다소 여유를 부리고 싶은 마음도 있었다. 그래서 지금까지 하청으로 일을 발주하던 봉제사 몇 명과 팀을 짰다. Y씨가 공장에서 봉제 일거리를 받아오고 팀으로 분담해 마무리하기로 했다. 일을 많이 맡고 싶은 사람, 가끔씩 참가하는 사람 등 각자의 사정에 따라 일하는 방식은 제각각이다. 하지만 전체적으로 받은 물량은 빈틈없이 처리한다. 이런 스타일이 협업이다.

새로운 노동방식의 정보를 수집하거나 장차 협업을 할 생각이 있다면 팀을 짤 수 있는 동료를 만드는 등 50대부터 제2의 일자리 준비를 시작해야 정년 후에 바로 일을 시작하기 쉽다. 다양한 일자리 방식을 모색해 보고 자신에게 어떤 형태가 가장 적합할지 어떤 형태라면 지속할 수 있을지 가능성을 검토해보자. 50대는 정년 후의 일자리를 준비하는 도움닫기 기간이라 생각하면 좋을 것이다. '일자리 나누기'와 '협업'은 매일 출근하지 않아도 되는 자유로운 노동 방식이다.

당분간 쉬겠다?
영원히 쉴 수도 있는 치명적 실수다

철모르던 학생에서 사회인이 된 지도 30년이 넘었다. 서서히 정년이 눈앞에 다가오고 "용케도 이렇게 긴 시간 동안 일을 해왔구나…."라는 상념에 잠겨 과거를 돌아보게 된다. 특별히 하고 싶은 일은 없지만 퇴직 후 "당분간은 한가롭게 지내고 싶다."고 생각한다. 누구에게나 있을 수 있는 광경이며 그렇게 생각하는 마음은 충분히 이해할 수 있다. 아내와 아이들도 "아버지, 조금 쉬는 게 어때요?"라고 다정하게 말을 건넬 것이다.

하지만 이 '잠시의 여유'가 퇴직 후의 재출발을 가로막는다. 나이를 먹을수록 시간의 흐름에 점점 가속도가

붙는다는 것은 누구나 실감할 것이다. 이것은 '자네의 법칙'이라 불리는 현상이다. 자네(Janet)는 프랑스의 심리학자로 '주관적으로 기억되는 세월의 길이는 나이가 어린 사람에게는 길고 나이가 많은 사람에게는 더 짧게 평가된다'는 심리적 사실을 해명하고 이 사실을 '자네의 법칙'이라고 이름 붙였다.

쉽게 말하자면 50세가 된 사람의 1년은 인생의 50분의 1이지만 5세 아이에게 1년은 그 인생의 5분의 1이다. 50세 성인의 시간은 5세 어린아이의 시간 보다 10배나 빠른 속도로 지나가는 것이다. 정년 후에 '잠시 한가롭게'라는 생각으로 지내다 보면 1년 정도는 눈 깜짝할 사이에 지나갈 것이 불을 보듯 뻔하다. 1년이 지나면 새로운 정년 퇴직자가 우르르 쏟아져 나오기 때문에 재취업을 생각하고 있었더라도 그만큼 불리해지게 된다.

더 무서운 것은 매일 빈둥빈둥 지내는 사이에 적극적으로 움직이려는 의욕을 잃게 된다는 점이다. 재취업 의사가 있다면 최대한 현역시기와 간격을 두지 말고 다음 일을 시작하는 것이 의욕을 유지하기도 쉽고 제2의 일을 활기차게 시작할 수 있다. 정년 후의 재취업은 퇴직 후 긴 틈을 두지 말고 시작하자.

정년 후 틈을 두지 말고 일을 하는 게 좋다고 권유했지만 '정년퇴직한 그 다음 주부터 새 직장으로 출근하는 것은 재미없는 삶이다.'라고 생각하는 사람도 적지 않을 것이다. 조금 쉬고 싶다는 생각이 더 크다면 1~3개월, 길어도 6개월 정도의 틈을 두는 정도로 다음 일을 시작하기 바란다. 이것이 적당한 간격이다.

사실 이것은 나의 경험을 통해 찾은 답이다. 50대에 일단 병원을 그만두고 나는 매일같이 골프만 쳤다. 평일 골프장에서 골프채를 휘두르는 것은 내 오랜 꿈이었다. 평일 골프장에는 시간을 자유롭게 쓸 수 있는 사람들만 올 수 있다. 그것은 결국 조직에 얽매이지 않아도 살아갈 능력이 되는 사람임을 증명하는 것이라는 생각이 내 무의식 중에 있었던 것이다.

게다가 무엇보다 골프장이 비어 있어 좋았다. 아침 이른 스타트를 하면 혼자서 코스를 도는 경우도 있다. 싱글 플레이어가 되고 싶은 꿈을 꾸기도 했는데 그것을 실현하기 위해 마음껏 골프를 칠 수 있다는 것이 아주 마음에 들었다. 밤이 되면 역시 오랜 세월 꿈꾸던 독서 삼매경에 빠졌다. 하지만 3개월이 지나자 어디선가 틈새로 찬바람이 불어오는 느낌이 들었다. 그래서 재빨리 활동을 재개했고 그 결과가 오늘에 이른 것이다.

만일 내가 1년 이상 한가롭게 생활했다면 다시 엔진을 가동할 수 있었을지 자신이 없다. '한가한' 기간을 계속 끌지 않으려면, 만일 재취업 할 곳에 잠시 기다려 달라고 양해를 구할 때에도 "9월부터 시작해도 괜찮습니까?"라고 일을 시작하는 시기만은 확실히 약속해 두는 게 최고다. 잠시 쉰다면 재출발할 날짜를 약속해 두는 것이 좋다.

지나친 욕심은 금물!
일이 왔을 때 주저말고 잡아라

무슨 일이든 의의를 찾을 수 있다

"출구가 보이지 않는 구직활동이었습니다."라고 말하는 F씨. 정규직 사원으로 일한 기간이 짧아서 연금만으로는 부부의 노후생활이 어려운 형편이었기 때문에 정년퇴직 후에도 최대한 오래 일하자고, 그러는 편이 건강에도 좋고 무엇보다 지루하지 않아 좋을 것이라고 생각했다. 하지만 실제로 제2의 구직활동을 시작해보니 이력서를 몇 통이나 보내도 면접조차 볼 기회가 없었다.

취직 사이트는 젊은 인력 구인이 대부분이다. 정년 후는커녕 현실은 40대만 넘어도 재취직 시장은 '빙하'를 넘어 '남극대륙'과 같은 상황이라고들 말한다. 하지만 오랫동안 안정된 고용으로 보호받아온 정년퇴직자는 뉴스에서 들리는 취직전선의 냉혹함과 자신의 상황을 연결시켜 생각하지 못하고 '어떻게 되겠지'라고 만만하게 보는 경향이 강하다.

F씨도 퇴직하기 얼마 전에 관련된 자동차 판매회사에서 중고차 사정업무를 맡아달라는 요청이 있었다. 하지만 여태껏 신차 개발의 제일선에서 일해 온 자존심 때문에 '중고차를 다루는 일 따위'라는 생각으로 미련 없이 거절해버렸다.

그 후, 아무리 구직활동을 해도 일자리를 찾을 수 없었고 지금은 어느 대학의 학생 기숙사 관리인으로 일하고 있다. 그래도 일자리를 찾지 못해 힘들었던 경험이 있었던 터라 지금은 그 일이 있다는 것에 감사하고 일의 의의도 느끼게 되었다고 한다.

정년퇴직 후 일자리를 찾을 때 지나친 욕심은 금물이다. 의뢰가 들어온 일을 긍정적으로 검토하고 최대한 받아들여보자. 처음에는 거부감이 있었던 일이라도 실제로 하다보면 새로운 재미를 발견하는 경우도 많다. 일할 의욕이 있다면 어떤 일이든 거기서 의의를 찾을 수 있다.

해외에서 일하는 두번째 인생도 가능하다

N씨는 현재 50대 중반이다. 6개월쯤 전부터 베트남어 공부를 시작했다. 화학 제조업체 연구실에서 수질 정화를 위한 특수필터 기술을 개발하고 있는 그는 미국 유학을 비롯해 다양한 해외생활 경험이 있다. 최근에는 중국과 인도 등으로 출장을 다녀올 기회가 자주 있었다. 베트남어 공부를 시작한 것은 현재의 업무에 도움이 된다는 이유도 있지만, 그보다는 정년 후에 시니어 해외 자원봉사자가 되고 싶어서다.

원래 해외생활을 좋아해서 정년퇴직 후에는 잠시 외국에서 사는 것도 나쁘지 않겠다고 생각하고 있었는데 직장상사였던 이가 시니어 해외 자원봉사자로 활약하는 모습을 보고 자신도 하고 싶다는 생각을 하게 되었던 것이다.

시니어 해외 자원봉사자는 JICA(독립행정법인 국제협력기구)가 모집 파견하는 제도로 대상은 40세부터 69세까지다. 원칙적으로 현역시절 업무 기술이나 경력을 살려

개발도상국의 발전에 기여하는 제도다. N씨가 가진 수질정화기술이나 환경기술 등은 현재 가장 인기가 높은 분야다. 환경문제는 지구가 안고 있는 최대의 과제 중 하나이므로 앞으로도 높은 수요가 예상된다.

자원봉사자이지만 JICA의 후원으로 봉사 대상국의 생활수준에 맞는 금액(한 달에 570~1550달러)이 지급된다. 주거도 제공되므로 검소하게 생활한다면 마이너스는 되지 않는 것 같다. 다만 어디까지나 자원봉사자일 뿐 '재취업'이 아님을 인식해야 한다. 자원봉사활동을 하면서 해외생활을 즐기는 정도의 유연한 발상을 가지면 좋을 것이다. 가족을 데리고 부임할 수도 있다. JICA가 인정하는 조건을 갖춘다면 가족에게도 현지 생활비(본인의 3분의 2)가 지급되는 제도도 있다.

N씨처럼 정년 몇 년 전부터 어학 공부를 시작하면 실제 해외에서 활동할 즈음에는 상당한 어학 실력을 갖추게 되어 현지인과의 교류를 즐기는 등 충실한 제2의 인생을 틀림없이 즐길 수 있을 것이다. 쌓아온 기술을 시니어 해외 자원봉사로 발휘해 보자.

시 니 어 관 련 협 회 모 음

[한국 시니어클럽 협회]

노인들의 경제활동 지원과 사회참여 활동을 이끄는 노인 일자리 전문 기관. 2001년에 처음 창립되어 현재는 16개 시도에 120여 개 시니어클럽이 활동하고 있다. 재취업, 창업과 관련된 정보나 일자리 제공, 봉사활동 소개 등 노인 인력을 위한 기관이다.

▶**홈페이지** www.silverpower.or.kr

[대한은퇴자협회]

50대 이상의 장 · 노년층을 위한 불합리한 사회 제도 개선 운동 등을 펼치고 있는 곳이다. 은퇴자들의 삶의 질 향상과 선진 은퇴문화를 소개하는 데 중점을 두고 있다. 다양한 교육 프로그램과 정보를 제공하는 곳이다.

▶**홈페이지** www.karpkr.org

[대한노인회 취업센터]

시니어들의 취업상담과 알선 기관으로 2004년에 발족하였으며 전국에 200여 개소가 설립되어 있다. 지역 사회 내 노인 취업 정보 네트워크 구축, 취업지원센터 조직 관리 체계 구축, 취업 서비스 관리 및 질적 취업 성과 관리, 노인 취업 관련 정보 수집 등 다양한 활동을 하는 곳이다.

▶**홈페이지** www.k60.co.kr

Chapter Three

이제 진짜 꿈꾸던 인생을 살아야겠다면

'나만의 시간'없이 '나만의 인생'도 없다

'혼자만의 시간'을 가져야 '진짜 나'와 마주할 수 있다

50대는 인생이라는 마라톤의 반환지점이라고 할 수 있다. 50대가 되면 의식을 대폭 전환시켜야 한다. 인생 전반부의 키워드가 성장이었다면 후반부는 성숙을 키워드로 삼아야 한다. 그렇다면 인간으로서 성숙한다는 것은 무엇을 말하는 것일까? 내가 한 가지 지표로 삼고 있는 것은 '고독력' 이다.

많은 사람들은 고독을 너무 부정적으로 보는 경향이 있는 듯하다. '고독 지옥', '고독사' 등과 같이 매스컴에서도 고독은 가장 피하고 싶은 것이라고 떠들어댄다. 확실히 고독에는 쓸쓸함과 허전함 등의 측면이 있다. 그 반면에 고독할 때 비로소 인간은 가장 진지하게 자신과 마주하는 법이다.

미국의 작가 메이 사튼(May Sarton)은 《혼자 산다는 것(Journal of a solitude)》에서 "사람은 혼자가 되어 '자신의 중심'을 되찾을 필요가 있다."라고 말했다. 누군가와 함께 있을 때는 아무래도 그 사람에게 끌려다니거나 좋든 싫든 마음이 흔들리면서 자신을 잃어버리게 마련이다. "혼자가 되어야 비로소 진정한 생활이 시작된다."고 한 메이 사튼의 말을 누구도 쉽게 부정할 수는 없을 것이다.

부처님이 '무소의 뿔처럼 혼자서 가라'라고 했던 것처럼 인간은 결국에는 혼자, 즉 고독에 이르기 때문이다. 학창시절을 거쳐 직장생활을 하고 결혼 후 가족과 함께 생활하는 날들처럼 젊을 때는 주변에 사람이 있는 게 보통이다. 그런 삶에 완전히 익숙해져버리면 언제나 누군가와 동행하지 않으면 안절부절 못하게 된다. 이래서야 성숙한 인간이라 할 수 없으며 더구나 충실한 노후와는 거리가 멀어지게 된다.

나는 50대가 되면 '혼자 여행을 하라'고 권한다. 남편이 "혼자 가고 싶다."고 말하면, '자기중심적인 인간'이라며 부루퉁한 얼굴을 하지 말고 "충실한 노후를 위해 준비하려나보다."라며 너그럽게 보내주는 마음을 갖기 바란다. 반대로 아내가 "혼자 교토에 다녀와도 돼요?"라는 말을 꺼내는 경우에도 "아니, 내 밥은 어쩌고?"라는 말은 꼭 참고 "응, 다녀오면 좋겠네. 이제 아이들도 자립을 했으니……."라고 말할 수 있는 남편이 되기를 바란다.

여행지 숙소에서 혼자만의 시간을 보내고 있으면 생각은 자연히 과거와 미래로 향할 것이다. 생각이 떠오르는 대로 젊은 날에 꼭 해보고 싶었던 것을 글로 써보는 것은 어떨까?

나 홀로 여행까지는 아니더라도 조용한 카페에서 홀로 천천히 시간을 보내는 것도 좋을 것이다. 집에서 혼자만의 시간을 가질 수 있는 사람이라도 장소를 바꿔 일상에서 조금 떨어져 자신을 돌아볼 필요가 있다. 자신을 객관적으로 돌아보고 싶다면 50대에 접어든 참에 '자신의 반평생'을 정리해 보는 것도 권할 만하다. 최근에는 정년 후에 자신의 역사를 써보는 자서전 쓰기에 사람들의 관심이 높아지고 있는데, 50세를 계기로 지금까지의 생을 되돌아보는 것도 좋을 것이다.

실제 글쓰기를 시작하지 못하더라도 지금까지의 하루하루를 정리해보면 자신이 정말로 하고 싶었던 일, 하지만 여러 가지 사정으로 인해 실제로는 하지 못했던 일이 몇 가지 떠오를 것이다. 내 인생은 이것으로 만족한가? 앞으로 어떻게 하면 더 충실하고 스스로도 수긍할 수 있는 인생을 살 수 있을까? 지금까지를 되돌아보는 것만으로 뜻밖의 깨달음을 얻을 수 있다.

원하면서도 할 수 없었던 일이 많았더라도 한숨 쉴 필요는 없다. 인생의 전반부에 미처 다하지 못했던 일을 다시 한 번 꿈꾸는 것. 그러기 위해 긴 인생의 후반부가 있는 것이라 생각하면 된다. 그러면 앞으로 맞게 될 노후의 날들이 진심으로 기대될 것이다. 혼자만의 시간을 갖게 되면 자신이 잘 보인다.

한가하면 인생이 망가진다!
호기심의 씨앗을 충실하게 키워라

'고령자 소매치기가 늘고 있다!' 는 제목에 놀라 기사를 읽어 보니, 2012년도 '범죄백서' 에 따르면 2011년도 고령자 중 적발된 범죄자 수는 48,637명(교통사고를 제외함). 이 중 57.7%가 들치기라고 적혀있었다.

게다가 그 수가 최근 해마다 늘어나고 있다고 하니 예삿일이 아니다. 고령자의 생활이 그렇게까지 궁핍한가라고 생각하는 것은 문제의 본질을 보지 못하는 것이다. 고령자가 소매치기를 하는 이유는 '쓸쓸하다', '삶의 보람이 없다', '사는 게 재미없어서 스릴을 느끼고 싶었다' 가 대부분이다. 적발된 고령 소매치기의 36.7퍼센트가 혼자 산다는 것도 그런 사실을 말해주고 있다. 퇴직 후 한가해졌다고 모두 소매치기를 하는 것은 아니다. 여기서 말하고자 하는 것은 사람은 혼자가 되고 시간을 주체하지 못하면 상상조차 하지 못했던 일을 저지르게 된다는 점이다.

실제로 소매치기 중에는 일부러 감시원의 눈에 띄는 행동을 해서 잡히는지 잡히지 않는지 게임처럼 즐기는 듯한, 지금까지는 소년범죄에서 흔히 있었던 행동을 보이는 사람도 있다고 한다. 소매치기는 극단적인 예라 하더라도 일주일에 몇 차례나 파친코장에 가서 시간을 보내거나 경륜 · 경정 등의 도박에 의존하는 고령자도 늘고 있다고 한다.

'매일이 일요일'이라거나 '유유자적'이라는 말을 들으면 이상적인 삶처럼 생각하기 쉽지만 사람은 오히려 '뭔가 해야 할 일'이나 '하지 않으면 안 되는 일'이 있어야 자신을 규제할 수 있다. '40년 이상이나 땀 흘리며 일해 왔다. 정년퇴직 후에는 더 이상 일하고 싶지 않다.' 고 한다면 일하지 않아도 좋다. 하지만 뭔가 제대로 된 소일거리는 찾아 놓아야 한다. 그러기 위해 할 일을 찾는 노력을 시작해야 한다. 그것만은 마음속에 확실히 새겨 두자. 너무 한가하면 인간은 망가진다!

텔레비전이나 무대에서의 활약 이외에도 유니세프 친선대사로 활동하며 매년 아시아와 아프리카, 발칸국가를 방문하는 구로야나기 테쓰코(일본의 여배우이자 성우, 토크쇼 진행자. 국내에서는《창가의 토토》저자로 잘 알려져 있다-옮긴이) 씨. 그녀는 1933년생으로 80세다. 그러나 80세로 보이지않는 외모만큼이나 놀라운 것은 그녀가 여전히 호기심이 왕성하다는 점이다.

호기심은 '정신의 안티에이징' 이라고도 할 수 있다. 90세가 넘어서도 전국적으로 강연을 다니며 집필활동까지 계속하고 있는 세토우치 자쿠초 씨는 "인간은 호기심을 잃으면 늙는다."고 말했다.

아무리 바빠도 사람들은 호기심을 가질 수 있다. 우리가 호기심을 가지는 모든 것이 앞으로 우리의 인생을 빛내줄 광원이 될 수 있다. 구로야나기 씨와 세토우치 씨는 남들보다 왕성한 호기심의 소유자라 할 수 있다. 하지만 호기심이 없는 사람은 없다. 누구든 마음이 혹해 '해보고 싶다' 고 생각하는 것이 있게 마련이다.

그러나 정년 즈음이 되면 '무엇을 하고 싶은지 잘 모르겠다'거나 '특별히 하고 싶은 것이 없다'고 말하는 사람이 많다. 그렇게 되는 가장 큰 원인은 '해보고 싶다'는 호기심이 생겨도 그대로 방치했기 때문이다. 마음이 움직였을 때 즉시 한 발이든 두 발이든 그 세계에 발을 들여놓자. 책을 읽어도 좋고 영화관에서 영화를 보는 것도 좋다. 스포츠나 예술 활동에 호기심이 생겼다면 시합이나 공연을 보고 전시회에도 가보자. 사회적인 일에 흥미를 가졌다면 전문가의 강연을 들어보자. 한 발짝이라도 행동으로 움직여 두면 호기심의 씨앗이 자기 안에서 튼튼히 뿌리내리게 된다.

정년퇴직을 맞을 때까지 호기심의 씨앗을 몇 개나 내 안에 심어 놓을 것인가? 씨앗이 많으면 많을수록 정년 후의 충실도가 높아지는 것은 두말할 것도 없다. 호기심이 있다면 어쨌든 행동해보라.

어린 시절 꿈을 떠올려보고 하지 않으면 후회할 일을 생각해보라

"나는 어른이 되면 세계 최고의 축구선수가 되고 싶다, 아니 된다. 월드컵에서 유명해진 나는 외국에 스카우트되어 유럽의 세리에 A(이탈리아의 프로축구 1부 리그—옮긴이)에 입단한다. 그리고 레귤러가 되어 10번을 달고 활약한다." 2014년 1월 세리에 A '밀란'에 입단해 팀의 톱 플레이어가 다는 10번을 등번호로 달고 뛰고 있는 혼다 케이스케 선수가 초등학교 졸업 때 쓴 작문의 일부다.

또 2013년 미일 통산 4,000개 안타라는 대기록을 세운 이치로도 초등학교 졸업 논문에 이렇게 썼다. "나의 꿈은 일류 프로 야구선수가 되는 것입니다. 그러기 위해서는 중학교, 고등학교와 전국대회에 나가 활약해야만 합니다. 나는 3살 때부터 연습을 시작했습니다. 3학년 때부터 지금까지 365일 중 360일을 혹독하게 연습하고 있습니다. 그렇게 연습을 하고 있으므로 반드시 프로 야구선수가 될 수 있다고 생각합니다."

혼다와 이치로가 아니더라도 누구든 어릴 적에는 큰 꿈을 꾸기 마련이다. 여러분은 초등학교 글짓기에 장래 희망을 뭐라고 썼는지 기억하고 있는가? 초등학교 시절에 쓴 글짓기가 있다면 한 번쯤 다시 읽어보고 어릴 적 나와 '재회' 해 보는 건 어떨까? '이제 와서 그런 옛날 일을?' 이라고 생각할 것이 아니다. 초등학교와 중학교 시절 나는 무엇을 하고 싶었던가? 거기에 자신의 뿌리가 있고 진정한 자신이 살아 숨 쉬고 있다.

'무엇이 되고 싶었던가' 만 찾지 말고, 예컨대 자신은 반에서 가장 눈에 띄고 싶어 하는 아이였는지, 앞에 나서지 않고 묵묵히 숨은 공로자 역할에 충실한 아이였는지, 과거의 성격을 되돌아보는 것도 앞으로 자신이 어떤 식으로 살아갈지를 탐구하는 실마리가 된다. 말하자면 다시 한 번 진정한 자신과 마주하라는 것이다. 거기에서 인생 후반전의 삶의 방식을 탐구할 힌트를 얻게 될 것이다. 인생 후반전은 정직하게 자기 본연의 모습대로 살고 싶지 않은가? 학창 시절을 떠올려 보고 자신의 뿌리를 찾아라.

하고 싶은 것을 글로 쓰고, 우선 순위를 정하고, 가장 먼저 하고 싶은 것부터 실현하기 위해 행동하는 것. 이것이 충실한 노후를 보내기 위한 가장 좋은 방법일 것이다. 반대로 지금까지 하지 않아서 후회하고 있는 일, 하지 않으면 나중에 분명 후회하게 될 일이 있다면 그것을 선택하는 것. 이런 쪽으로 향후 삶의 방식을 생각해보는 것도 좋은 방법이 아닐까 생각한다.

'사와야카 복지재단'을 세우고 간병보험제도의 확립 등 일본 복지활동의 제일선에서 활동하고 있는 호타 쓰토무 씨가 바로 이런 선택을 한 사람이다. 호타 씨가 전직 검사였으며, 그것도 록히드 사건(일본 고급 관리들이 미국 군수 업체인 록히드사로부터 금품을 수수한 사건-옮긴이)의 수사에서 탁월한 솜씨를 발휘했던 사람이라는 것은 나와 같은 세대라면 대부분 잘 알고 있을 것이다.

하지만 호타 씨는 57세에 법무성을 그만두고 '사와야카 복지재단'을 세웠다. 그는 '죽음을 맞을 때 내 안에 아직 불완전 연소된 것이 남아 있어서 후회를 남긴채 죽고 싶지는 않다'고 생각했다. 그래서 '사와야카 복지재단'을 설립하고 순조롭게 발전시켜 지금은 활동 영역과 규모도 넓어졌다.

하지만 엘리트 관료로서 양지바른 길을 걸어 온 호타 씨였기에 직장을 그만두는 시점에서는 남은 인생에 대한 불안도 느꼈을 것이다. 거기에 대해 호타 씨는 "어떤 길을 선택하든 위험은 있다. 위험과 하고 싶은 일 사이에서 균형을 잡는다는 사고방식이 중요하다"고 말했다. 나도 전적으로 동감이다. 호타 씨의 학창시절 꿈 중 하나는 작가였다. 그는 어쩌면 작가로서 제3의 변신을 할지도 모르겠다.

당신에게는 내팽개쳐 둔 꿈이 없는가? 그 꿈을 향해 도전하지 않은 채 인생을 마쳐도 후회하지 않겠는가? 후회하는 것이 있다면 그것에 매진해 인생을 완전 연소시켜라. 정년퇴직 후의 시간은 그것을 위해 다 써라. 하지 않아서 후회하고 있는 일은 없는가? 정년퇴직 후에 다시 도전해보라.

초등학교나 중학교 졸업 때 타임 캡슐을 만들어본 경험이 더러 있을 것이다. 성인식을 맞이한 해에 반 친구들이 모여 교정 구석을 파헤치며 왁자지껄 소란을 떨기도 한다. 이것을 정년퇴직용으로 만들어 보는 건 어떨까? 생각만 해도 가슴이 뛰지 않는가? 예컨대 50세나 55세처럼 뭔가 일단락되는 나이가 되었을 때가 좋은 타이밍이다. 자신이 지금 소중히 여기는 것, 현재의 심정, 정년퇴직 후의 꿈을 쓴 메모 등을 작은 상자에 넣어 정원에 묻는다. 아파트에 살아 정원이 없다면 방바닥 밑이나 커다란 가구 안쪽 등 평소에 손이 닿지 않는 곳에 보관한다.

이것을 정년퇴직했을 때 꺼내보면 '50세 때 내가 이런 생각을 했었구나'라며 그리워할 수도 있고, 50대에 그리던 정년퇴직 후의 청사진이 어디까지 준비되었는지, 타임캡슐을 만들고부터 정년퇴직 때까지의 삶을 반성하는 좋은 계기도 될 것이라 생각한다. "이 나이에 그런 어린애 같은 짓을 할 수 있나!"라며 화를 내는 사람도 있을 것이다. "그렇지 않아도 바빠 죽겠는데."라는 소리도 들리는 듯하다. 하지만 인간은 뭔가 계기가 없으면 구체적인 이미지를 그리지 못하는 법이다. 그래서 다소 어린아이 같을 수도 있지만 언젠가 반드시 닥칠 정년퇴직 후를 구체적으로 생각하기를 바라는 것이다. 타임캡슐 만들기는 어디까지나 이를 위한 수단이다.

상사나 선배 등 이미 정년퇴직을 한 사람이 어떻게 사는지, 기회를 봐서 선배를 만나 정년퇴직 후의 실제 생활을 관찰해보는 것도 좋다. 유유자적이란 말이 그럴듯하게 들리겠지만, 대부분은 할 일이 없어 남아도는 시간을 죽이느라 고생하고 있을 것이다. 그 모습을 보고 자신도 그렇게 되고 싶은지 아닌지를 결정하는 것은 여러분 자신이다. 타임캡슐을 만들며 미래의 자신과 정면으로 마주해보는 것은 어떨까? 노후의 이미지를 구체적인 것으로 만들어 줄 '타임캡슐'을 만들어보자.

10년, 20년 후
나의 상황과 능력을 냉정히 보라

정년 후의 계획은 70퍼센트 범위로

자신을 냉정히 보는 눈은 무엇을 할 때든 필요하겠지만 특히 정년 이후의 꿈과 희망을 추구할 때는 냉정 또 냉정해져야 한다. 가족이나 친구, 지인 등 주위의 의견에도 귀를 기울이는 넓은 도량도 필요하다. 50대에 정년퇴직 후의 청사진을 그린다면 현재의 80퍼센트, 더 솔직히 말하자면 70퍼센트 정도의 힘으로 할 수 있는 범위 내에서 하는 것이 적당하다고 생각한다.

나는 지금 60대 초반이다. 60세 무렵부터 식생활을 비롯한 라이프 스타일을 재점검하여 나이에 비해 정력적으로 일하는 편이라 자신하지만, 그럼에도 50대 때와 는 다르다는 것을 느낀다. 기력도 체력도 조금씩 떨어진다. 안타깝지만 그것이 늙는다는 것이다. 늙음은 자연스러운 것이므로 받아들일 수밖에 없다. 물론 자기관리를 하기에 따라 노화의 진행을 늦출 수는 있을 것이다. 하지만 시간을 멈출 수 없는 것처럼 노화를 막는 것도 불가능하다. 그러므로 정년퇴직 후의 라이프 플랜을 짤 때도 노화를 충분히 참작해야 한다는 것을 잊지 말자. 지금의 70퍼센트 혹은 80퍼센트 정도의 힘으로 할 수 있는 것을 그려보는 것이 성공에 이르는 길이라 생각하면 무리도 없고 실패도 막을 수 있다.

물론 보다 많은 경험과 넓은 인간관계 등 나이를 먹음에 따라 충실해지는 것도 있다. 경험은 무엇을 하던 최강의 무기가 될 것이다. 인간관계가 폭넓다면 에너지가 80퍼센트로 떨어져도 주위 사람의 도움을 받거나 협동할 수 있으므로 총체적으로는 젊을 때 이상의 능력을 발휘하는 경우도 드물지 않다. 이런 방식을 성공시키기 위해서는 무엇이든 '내가 노력하겠다'는 생각에서 벗어나야 한다. 앞으로는 예전처럼 힘으로 밀어붙이는 일은 할 수 없게 된다. 10년 후, 20년 후의 정년퇴직 후를 상상할 때는 그런 관점에서 자신을 봐야 함을 잊지 말았으면 한다. 정년퇴직 후를 그릴 때는 시간의 경과도 계산에 넣기 바란다.

정년퇴직 후 독립해서 일을 시작하거나 지방으로 이주하는 등 지금까지와는 전혀 다른 제2의 인생을 원하는 경우에 대해 생각해 보기로 하자. 제1의 인생에서 월급쟁이로 일했던 사람은 자신이 좋아하는 일을 하며 자립하고 싶다는 꿈을 꾸게 된다. 귀여운 꽃집, 수제 케이크를 파는 세련된 카페, 혹은 가정적인 분위기의 게스트하우스 경영 등…….

옆에서 보기에는 취미와 실익을 겸한 멋진 세컨드 라이프로 보일 것이다. 하지만 속사정은 과연 어떨까? 자영업을 시작하기 위해서는 창업 자금이 필요하다. 창업할 지역이나 장소 등 조건에 따라 큰 차이가 있겠지만, 어쨌든 상당한 자금이 필요한 것은 분명하다.

가게 자리는 일반적으로 역과 가까운 곳이 유리하다. 유동 인구가 많다는 이점은 그 무엇과도 바꿀 수 없다. 하지만 비용은 높아진다. 점포와 사무실을 임대하면 상당한 보증금을 지불해야 하는 경우가 대부분이다. 그 금액은 아파트나 빌라를 빌리는 것보다 비싸다. 게다가 내부 장식비, 냉난방기, 업종에 따라서는 냉장고, 그 밖에도 필요한 기구와 집기, 사무기 등. 학원을 여는 경우에도 책상, 의자, 칠판 등은 필수품이다. 중년층 여성 창업이 많은 꽃꽂이 교실, 패치워크 교실 등도 교실을 확보하고 레슨에 적합한 환경을 만들려면 상당한 자금이 필요하다.

개점 후 바로 궤도에 오르기는 어려우므로 버티는 데 필요한 자금도 필요하다. 이러한 자금 정보를 확실하게 수집해 정년퇴직 후 자영업을 할 생각이 있다면 50대부터 본격적으로 준비를 시작해야 늦지 않다. 꿈을 실현시키는 열쇠는 '자금'이다. 이것이 현실임을 각오하라.

동남아 이주나 전원생활은 신중하게 검토하라

한 때, 정년퇴직 후 동남아시아 리조트 지역으로의 이주가 유행했다. 정년퇴직 후 믿을 것은 연금뿐이므로 일본에서 그럭저럭 살 수는 있지만 호사까지는 바랄 수 없다. 하지만 물가가 싼 동남아시아로 가면 같은 연금으로 매일 골프를 치고 가사 도우미도 고용할 수 있어 집안일로부터 해방된다. 기후가 온난한데다 리조트 지역이므로 즐길 거리도 충분하다. 텔레비전에 나오는 이주자의 생활은 정말이지 부럽다. 특히 골프 무제한이라는 점에 솔깃해 나도 넋을 잃고 본 적이 있다.

하지만 그로부터 10여 년이 지난 지금, 꿈의 해외 이주가 암초에 걸린 예도 적지 않다고 한다. 최대의 난관은 의료비 부담이 만만찮다는 점이다. 세월이 갈수록 나이도 들어 여기 저기 상태가 나빠지거나 간병이 필요한 경우도 생긴다. 일본의 건강보험은 해외에서는 사용할 수 없다. 게다가 해외의 의료 비용은 생각보다 비싸다.

골프 삼매경의 삶이 꿈처럼 느껴지는 것은 처음 얼마간뿐이다. 현지 생활에 동화되지 못하고, 일본에서 이주해 온 사람끼리 작은 그룹을 이루어 매일 같은 이야기만 반복하는 데에도 싫증이 나서 몇 년 후에 일본으로 되돌아오는 경우도 적지 않다고 들었다.

해외뿐 아니라 국내에서도 나이든 후에 낯선 곳으로 이주해 산다는 것이 꿈처럼 멋진 면만 있는 게 아니라는 것은 새삼 말할 필요도 없다. 꿈에 그리던 전원생활도 오랜 세월 도시에서 살아온 사람에게는 불편한 점이 많다. 시골 사람들도 텔레비전에서 보는 것처럼 따뜻하게 환영하는 분위기만은 아닌 경우도 있다.

진심으로 노후의 이주 계획을 생각하고 있다면 50대부터 여러 번에 걸쳐 후보지를 직접 찾아가 봐야 한다. 그 땅에서 나이를 더 먹은 후에도 계속 살 수 있을지, 특히 의료체제가 어떤지, 근처에 간병시설이 있는지 등 검토에 검토를 하는 신중함이 필요하다.

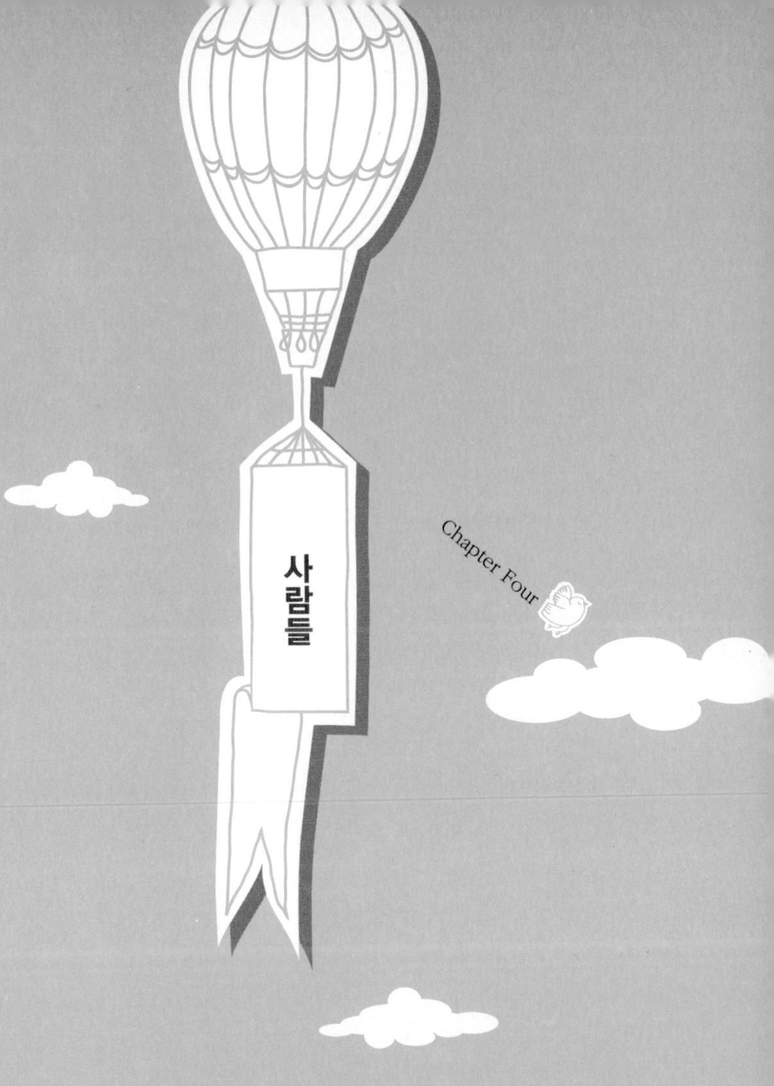

퇴직 후 더 중요해지는 인간관계

기분 좋게 만날 수 있는 사람이 내 인생의 질을 좌우한다

동네 사람과의 관계에 시간과 정성을 들여야한다

정년퇴직 후의 삶을 상상해보자. 최대의 변화는 매일 출근하지 않아도 된다는 점이다. 특별한 볼일이 없는 한 집에 계속 있을 수 있다. 아무 데도 나갈 필요가 없는, 지금까지와는 180도 달라진 삶을 살게 되는 것이다. "편해서 좋다."는 생각이 드는 것은 초반의 잠시뿐이다. 지내다보면 외출하지 않는 것이 어떤 것인지를 뼈저리게 느끼게 된다.

어쨌든 재미가 없다. 기분이 꿀꿀하다. 이런 기분이 드는 가장 큰 이유는 '사람과 만나지 않아서'라고 단언할 수 있다. 퇴근길에 누가 먼저랄 것도 없이 "자, 가볍게 한 잔 하러 갈까?"라고 말하고, 한 잔 하다 보면 어느새 밤늦게까지 이야기꽃을 피우는 그런 일이 없어지는 것이다. 미리 약속을 한 것도 아닌데 업무의 연장으로 식사를 함께 하거나 밤늦게까지 술자리를 하는 교류가 가능한 것은 직장이 같거나 업무 관계로 자주 만나기 때문이다.

현역으로 바쁘게 일하는 지금은 상상하기 힘들지 모르지만 정년이 되면 그런 업무의 연장선상에서 이루어지던 인간관계는 사라진다. 시험 삼아 휴대전화의 연락처 리스트를 열어, 말만 하면 당장 만나서 스스럼없이 술을 마시거나 이야기를 나눌 친구나 지인이 얼마나 있는지 체크해보라. "이제 네 얼굴 보는 것도 지겹다."라는 농담을 하며 툭하면 어울려 술을 마시던 동료나 친구도 정년퇴직 후에는 그러지 못할 것 같은 사람이 대부분임을 깨닫게 될 것이다.

정년퇴직 후에는 현재 인간관계의 대부분을 잃게 된다고 생각하면 맞다. 일을 통해 계속 만나던 친구나 동료는 퇴직 후 편하게 만날 수 있는 인간관계가 아니라는 점을 분명히 알고 정년 후 자신을 지켜 줄 인간관계를 만들기 위해 적극적으로 나서야 한다. 그렇지 않으면 자기도 모르는 사이에 매일 집에서 혼자 멍하니 시간을 보내게 될 것이다. 업무와 관련된 인간관계는 정년퇴직과 함께 끝난다!

정년퇴직 후의 생활은 거주하는 지역사회가 바탕이 된다. 특별히 갈 곳이 없는 남편에 비해 아내는 매일 바쁘게 외출을 한다. 어찌 그리 갈 곳이 많은지 감탄스러울 정도다. 외출 장소는 도보권 혹은 자전거나 마을버스권이다. 외출하고 돌아온 아내의 얼굴은 생기가 돌고 활짝 피어있다. 거주하는 지역 내에 다수의 거점과 폭넓은 인간관계를 가지고 있으면 나름대로의 충실한 날들을 보낼 수 있다는 확실한 증거인 셈이다.

"나는 집에 잠만 자러 들어왔었구나. 휴일이면 집에서 빈둥거리기나 하고……." 라고 체념할 필요는 없다. 쇠뿔도 단김에 빼라는 말이 있지 않은가. 지금부터라도 조금씩 동네를 다니며 정년퇴직 후에 자신을 받아 줄만한 장소를 찾아나서라.

인간관계는 하루아침에 만들어지지 않는다. 나무를 키우듯 일찌감치 씨를 뿌리고 착실하게 키우다보면, 어느새 단단히 뿌리를 내리고 풍성한 가지와 잎을 키워 나를 온전히 지켜 줄 믿음직스러운 거목으로 자라게 된다.

50대부터 마을 활동에 참가하면 정년을 맞이할 즈음에는 지역사회에 확실한 기반이 생기고 인간관계도 나름 넓어질 것이다. 아내처럼 매일 외출할 곳이 생기고 즐거움도 늘어나 충실한 날들을 보내게 될 것이다.

마을 활동에 참가하려면 어떻게 해야 하는지 잘 모르겠다면, 우선 신문에 끼워 배달되는 '○○구 소식' 등의 지역정보지나 도서관에 비치된 지역신문 등을 유심히 보고 지역활동 정보와 흥미있는 프로그램을 체크하라. 의외로 이것이 가장 빠른 길이다. 그 중에는 고령자 전용 프로그램도 있는데 직접 찾아가면 대부분은 참관자라는 형식으로 고령자 예비군도 받아 줄 것이다.

유도로 단련된 근육질의 몸매를 자랑하는 A는 도내에 있는 병원에서 근무하고 있다. 스포츠 카 타입의 차를 몰고 다니는 현대적인 면모를 가진 그가 몇 년 전 아사쿠사 근처의 아파트로 이사를 왔다. 우연히 산자 마쓰리(5월에 열리는 도쿄 3대 축제 중 하나-옮긴이)를 본 후 미코시(일본의 마쓰리에 쓰이는 신체나 신위를 실은 가마-옮긴이)

를 멘 도쿄 토박이의 기풍 당당한 모습을 동경하게 되었다고 한다.

행동파인 그는 즉시 산자 마쓰리를 주최하는 아사쿠사 신사에 연락을 해서 마쓰리 담당자를 소개받았고, 이듬해부터 축제 가마를 메게 되었다. 이후로는 매년 단골로 참가하고 있다. 이후 아사쿠사로 이사를 하면서 동네에 아는 사람이 많이 늘어나 지금은 거리를 걸어가면 가게 여기저기에서 "아, 선생님. 안녕하세요?"라고 연신 말을 걸어온다며 밝게 웃었다. 함께 축제 가마를 메고 술도 한 잔 하는 사이 마을 사람들과 친해진 그는 상점가 이벤트에도 늘 초대를 받는다고 한다.

일본은 각지에 연고가 있는 마쓰리나 연례행사가 많다. 하지만 그 행사를 지원하는 인력이 어디든 조금씩 부족하다. 그래서 아르바이트를 모집하거나 자원봉사자에게 부탁해서 간신히 담당자를 확보하는 것이 실상이라고 한다. 이밖에도 마을 공원에서 열리는 바자회나 프리마켓 등을 찾아가 운영자에게 참가하고 싶다고 신청하는 방법도 있다.

이처럼 적극적으로 지역에 눈을 돌리면 자연히 아는

사람이 늘어나게 되고, 정년을 맞을 즈음에는 약속없이 편하게 만날 수 있는 동네 술친구가 생겨 정년퇴직 후의 날들을 활기차게 보낼 수 있을 것이다. 이렇게 친구 만들기에서 시작해 지역사회에 도움이 되는 활동으로 발전시켜간다면 새로운 삶의 보람도 발견할 수 있을 것이다. 전철을 타지 않고 걸어서 만날 수 있는 동네 친구와 동료를 늘려나가자.

이웃은 든든하고 소중한 존재, 새로운 '아는 사람'을 만들어나가자

아파트 생활은 열쇠만 잠그면 외출할 수 있어 편리하지만 반대로 이것이 최대의 난관이 되는 경우도 있다. 열쇠를 잃어버리면 어쩔 도리가 없기 때문이다. 최근에는 개인 재산이라는 이유로 관리인도 보조 열쇠를 맡아주지 않는 경우가 많다. 결국 열쇠수리공에게 의뢰해 문을 여는 수밖에 없다. 하지만 늦은 밤 술에 취해 집에 돌아왔을 경우 열쇠수리공의 연락처를 어떻게 알아낼 것인가? 스마트폰으로 열쇠수리공에게 연락을 했다 하더라도 바로 달려와 준다는 보장도 없다. 상당한 시간을 기다린 후에 출장비, 문 따는 비용, 새 열쇠 설치비 등 꽤 많은 돈을 지불해야 한다.

이럴 때를 대비해 근처에 보조 열쇠를 맡길만한 친구가 있다면 든든할 것이다. 어느 수필가는 택시 기본요금 거리에 사는 친구에게 보조 열쇠를 맡겨 둔다고 한다. 그것도 두 사람에게. 한 사람에게만 맡기면 열쇠를 잃어버렸는데 상대가 집에 없을 경우 곤란하기 때문이란다.

어느 독신 여성은 감기로 고열이 났을 때 "바로 코앞에 있는 편의점에도 갈 기운이 없고, 입맛이 떨어져 시원한 사과 주스라도 한 잔 마시고 싶었는데 그것조차 못 마시고 혼자 누워 있으니 눈물이 나더군요."라고 말했다. 좀 더 나이가 들어 똑같은 일이 생기면 어쩌나 하는 생각에 같은 아파트 안에 마음 맞는 친구를 기필코 만들어야겠다고 진지하게 생각하게 되었다고 한다. 근처에 믿을만한 인간관계를 만들어 둘 필요성이 있음을 절실히 느끼게 되는 이야기다. 역시 이웃사촌이 중요하다. 이웃 친구는 필요하게 된 후에 만들려면 너무 늦다.

번거롭게 이웃을 사귈 필요도 없고 사생활을 보호받을 수 있는 공동주택 생활이 최고라고 생각하던 단카이 세대의 가치관이 최근 들어 크게 흔들리고 있다. 그들에게 다시 주목받고 있는 것은 과거에 흔히 말하던 '멀리 있는 친척보다 가까운 이웃사촌이 낫다'는 가치관이다. 과거 일본의 일상생활은 '지연사회(地緣社會)'라고 하는 이웃과의 교제를 통해 유지되었다. '얻은 물건을 함께 나누는 관습'이나 '상부상조'라는 말로 상징되는 지연사회는 '옷깃만 스쳐도 인연'이라 했으니 이웃에 살게 된 것도 인연이라 생각하고 이웃과의 교제가 생활의 일부가 된 것이다.

아무리 친한 친구나 친척이라도 급한 일이 생겼을 때 제 때에 오지 못할 수 있다. 오랫동안 도움이 필요한 경우에는 왔다갔다 하는 것만도 힘이 들어 실질적으로 도움이 되지 못하는 것이 현실이다. 이럴 때 가장 큰 도움을 주는 것은 가까이에 사는 사람, 결국엔 이웃이다. 늙어가는 나이가 되면 상부상조의 정신으로 이웃끼리 돕고 사는 라이프 스타일이 중요하다. 이웃과의 교제가 한층 더 힘을 발휘하게 된다는 것을 잊지 말자.

이웃과 친해지는 첫걸음은 인사에서부터 시작된다. 이전에도 마주치면 "안녕하세요?" 정도는 했겠지만, 앞으로는 인사와 더불어 한마디를 건네도록 노력하자. 예컨대 이웃이 개를 데리고 있다면 "산책하러 가십니까? 보기 드문 종 같은데 무슨 종입니까?". 이렇게 말을 붙이면 개를 좋아하는 사람은 한방에 해결된다. "네, 실켄윈드하운드라고 하는데, 아직 일본에는 많이 들어오지 않은 종이에요."라고 이야기는 활기를 띠게 될 것이다.

정원의 꽃을 화제로 삼거나 이웃이 조깅 차림이라면 "저도 달리기를 할까 생각하고 있는데 이 주변에서는 어떤 코스가 좋습니까?"라고 '상대가 좋아할만한 것'을 화제로 삼는다면 틀림없이 상대가 응해 줄 것이고 친밀도가 단숨에 높아질 것이다. 인사와 함께 한 마디를 덧붙인다면 친밀도는 금방 높아진다.

이웃을 사귈 때의 핵심은 '가볍고 산뜻하게', 잡담이 능력이다

한때는 사생활 존중이라는 말이 새 시대 이웃 관계의 이상형처럼 여겨졌다. 옛날 에도시대에는 '맞은편 세 집과 좌우 두 집'이라는 단어로 상징되는 6채 짜리 연립주택 중 한 집에서 죄인이 나오면 연립주택 전체가 벌을 받는 풍습이 있었다. 이 때문에 에도인들은 필요 이상으로 이웃 사람의 동향을 감시하는 습관이 있었다. 그러나 이제는 옆집 사람이 누구인지도 모를 정도로 이웃에 관심이 없고 왕래도 없는 생활로 변해버렸다.

최근에는 이웃과의 교제를 좀 더 중시하는 움직임이 나타나고 있는데, 오늘날의 이웃 교제는 옛날과는 근본적으로 다르다. 한 마디로 말해서 '필요 이상으로 깊이 관여하지 않는다'는 것이 철칙이다. 공자는 '군자의 사귐은 담담하기가 물과 같고 소인의 사귐은 달기가 단술과 같다'고 했다. 이른바 훌륭한 어른의 사귐은 담담한 반면 앞뒤 분별이 없는 사람은 단술처럼 끈적끈적한 교제를 한다는 의미다.

예컨대 문 앞에서 이웃 아주머니를 만났다고 하자. "안녕하세요? 날씨가 좋네요." 정도에서 그치면 좋을 텐데 "어디 외출하세요? 좋으시겠어요. 댁의 남편은 엘리트시라……." 라는 식으로 시시콜콜 계속한다면 귀찮다거나 집요하다고 싫어하게 될 것이다.

나는 "외출하십니까?"라는 말 자체를 금지어로 삼으면 좋겠다고 자주 말한다. "외출하십니까?"라고 말을 걸면 나도 모르게 "어디까지 가세요?"라고 묻고 싶어지기 때문이다. 어느 의미에서는 이웃과 사귀는 것만큼 어려운 일도 없다. 관계가 악화되었다 하더라도 쉽게 이사를 갈 수 없어 계속 마주쳐야 하기 때문이다. 관계가 악화되는 사태가 발생하지 않도록 어디까지나 '가볍고 산뜻하게' 교제하도록 조심하자. '깊이 관여하는 것은 절대 금물!'. 이것이 이웃과 사귈 때 주의할 점이다.

이웃뿐만 아니라 모든 인간관계에서 반드시 지켜야 할 철칙은 '아무리 알고 싶어도 묻지 말아야 할 것은 묻지 않는 것'이다. 그렇다면 묻지 말아야 할 것이란 과연 무엇일까? 한마디로 말하자면 '자신이 알고 싶은 것'이다. 사람은 누구든 정도의 차이는 있지만 타인에 대해 끊임 없이 관심을 가진다. 하물며 이웃이라면 평소에도 자주 얼굴을 보는 사이인 만큼, 아무것도 궁금해 하지 말라는 것이 무리일 수 있다. 하지만 가끔 대문 앞에서 마주쳐 인사와 함께 가벼운 한마디를 나누고 조금 더 이야기를 하고 싶은 경우에는 어디까지나 잡담 수준에서 그쳐야 한다. 이것이 이웃과의 교제에서 실패하지 않는 비결임을 명심하자.

잡담이라고 하면 시간을 죽이기 위한 의미 없는 대화라고 생각하는 사람도 적지 않다. 하지만 그렇지 않다. 잡담은 커뮤니케이션을 원활하게 이어나가기 위한 윤활유다. 상대의 마음을 열고 신뢰 관계로 연결시키는 계기가 되는 중요한 역할을 하는 경우도 흔하다. 잡담의 주요 테마로 자주 거론되는 키워드는 대략 다음과 같다.

계절과 관련된 사건이나 화제, 취미나 관심 있는 일, 신변잡기적인 화제나 새로운 정보, 여행과 기념품 이야기, 날씨, 태풍과 비, 눈과 관련된 화제, 가정이나 가족의 근황, 건강, 다이어트나 운동 이야기도 좋다. 일, 최근의 경제와 사회에서 화제가 되고 있는 일들, 그리고 오늘 입은 옷이나 유행, 좋아하는 음식이나 계절 식재료, 집이나 출신지 이야기 등이다.

가정이나 가족을 화제로 삼더라도 상대를 난처하게 만들지 않는 범위에서 해야 한다는 것을 잊지 말기 바란다. 그리고 가능하면 밝은 주제를 선택하자. "불경기라 힘들어요." "물가가 올라서"라는 식의 부정적인 대화로 말을 꺼냈더라도 "그래도 우리는 다행히 건강하니까요.", "맞아요. 그게 최고죠."라고 마지막에는 긍정적인 대화로 마무리 하자. 그래야 서로 기분 좋게 잡담을 끝낼 수 있다. 묻고 싶은 말일수록 절대로 물어서는 안 된다.

아파트 주민회나 마을 자치회에 적극적으로 참여해라

동네 사람을 사귀려면 지역 활동에 참여하라

아파트에 산다면 아파트 주민회 간부를, 단독주택이라면 마을 자치회 운영자를 자진해서 맡는 것도 이웃과 지역사회에 얼굴을 알리는 기회가 된다. J씨가 사는 아파트는 매년 돌아가며 순서대로 간부를 정한다. 문제는 회장과 부회장이다. 누구 하나 나서는 사람이 없기 때문이다. J씨의 아파트는 건축한지 30년이 지났다. 그래서 1, 2년 전부터 내진 공사 이야기가 거론되고 있다. 10년 전에도 대규모 보수 공사를 한 적이 있는데, 그 때도 여러 방면에 간부들이 동원된 적이 있었다. 게다가 내진 공사는 대규모 수리의 몇 배나 되는 돈이 드는데다 무슨 일이 있어도 해야 하는 일이다. 전체 주민의 의견을 모으고 업자와 연락을 하고 은행과 대출 상담을 하는 등 분명 이번 기수의 간부들은 상당히 바빠질 것이다.

서로의 얼굴만 쳐다보는 시간이 잠시 흐른 뒤 J씨는 "그럼 제가 맡아보겠습니다."라며 나섰다. 그러자 "그렇다면 제가 부회장을 하겠습니다."라고 손을 드는 사람이 나타났고 그럭저럭 새해 주민회 활동을 시작할 수 있게 되었다. J씨가 나선 것은 누군가가 하지 않으면 안된다고 생각했기 때문이었다. 그리고 예전에 직장 동료로부터 아파트 대규모 보수 공사 때 운영진으로 체험한 이야기를 들었던 기억이 났기 때문이다.

몇 년 전 아파트 대규모 수리 시에 주민회 회장을 맡았던 그 동료는 처음 한동안은 "미안해. 오늘도 아파트 수리 건으로 업자를 만나야 해서."라며 몇 번이나 야근을 하다가 먼저 가는 경우가 있었다. 옆에서 보기에도 힘들어 보였다. 하지만 대규모 보수 공사가 끝날 때쯤 되자 "어제는 아파트 동료들과 재미있게 놀았어."라는 즐거운 이야기를 자주 했다.

대규모 보수나 내진 공사와 같은 대형 프로젝트를 함께 해나가려면 회장과 부회장 등 간부들이 여러 차례 모여 서로 지혜를 짜내고 힘을 합쳐야 한다. 그러는 사이에 "시간이 괜찮으시면 끝나고 한 잔 하시겠습니까?"라는 이야기도 나오게 되고 프로젝트가 끝날 때쯤이면 마음이 맞는 술친구가 되는 것이다.

동료가 사는 아파트에서는 대규모 보수 공사 때 활동한 간부들이 중심이 되어 공용 공간에서 안 쓰는 물건으로 프리마켓을 열거나 연말에는 떡치기 대회를 여는 등 아파트를 기반으로 한 커뮤니티 활동이 싹트고 있다고 한다. J씨는 지난 대규모 수리 때 회장단이 활동하는 것을 알면서도 못 본 척 떠맡기기만 했던 다수에 속해 있었다. 하지만 동료의 이야기를 듣고 있으니, 지금과 같은 태도로는 아파트가 그저 비와 이슬이나 피하는 곳에 지나지 않겠다는 생각이 들었다. 사람들과 정을 나누는 따뜻한 삶의 터전이 될 수 없다고 생각하게 된 것이다.

현재 50대는 아파트든 단독주택이든 대부분 35년 정도의 장기 대출을 받아 집을 산 이들이 많다. 부동산 가격이 점점 올라가던 시대와는 달리 현재의 집에서 평생 살 작정인 사람들이 대부분이다. 집을 둘러싼 환경을 살기 편하게 개선하고 친하게 지낼 수 있는 인간관계를 만들어 두지 않으면 정년퇴직 후 대부분을 집에서 보낼 때 대화를 나눌 이웃 하나 없이 고독한 생활을 하게 되리란 것은 불을 보듯 뻔하다. 단독주택의 경우도 마찬가지다. 지역을 살기 편한 환경으로 개선하고 유지해 나가기 위해서는 누군가가 팔을 걷어붙여야 한다. 그럴 때 눈 딱 감고 자진해서 한 발을 내딛어라. 그러면 거기서부터 지역사회에 참가할 길이 열린다.

도내의 S구 주택가에 살고 있는 K씨는 업무 상 매주 수요일과 일요일이 휴일이다. 집이 남아도는 시대를 반영하듯 그의 주변에도 빈 집이 2채나 있어서 어느 몰지각한 사람이 화재라도 내지 않을까 걱정이었다. 그는 뜻 있는 사람들끼리 주 3회 방범활동을 시작하자는 이야기가 나왔다는 말을 듣고 "수요일이라면 저도 할 수 있습니다."라고 솔선해서 나섰다.

방범 활동을 시작하고 보니 현역세대는 K씨와 상점주 몇 명 정도였다. 평소에는 사귈 기회가 없던 상점주들과도 친하게 지내는 등 지역 사회와의 연계가 강해지는 것을 실감하고 있다고 한다.

동네 사람을 사귈 때는 '명함'을 버려라

현역 시절 첫 만남의 인사는 명함 교환에서 시작된다. 건네받은 명함을 보며 "○○○ 테크닉이라고 쓰여 있는데, 구체적으로는 어떤 것을 취급하고 계십니까?"라거나 "그 나이에 벌써 ○○부장이세요?" 라는 대화를 하면서 상대의 프로필을 한 번 더 확인하고 난 후 용건으로 들어가는 과정을 거치는 것이 대부분일 것이다.

그 습관 탓인지 지역 사회에서 새로운 사람과 만날 경우에도 "지금까지 어디서 근무하셨습니까?"라는 식으로 탐색을 하거나, 필요도 없는데 "××회사에서 ○○부장을 지냈습니다."라고 직함을 붙여 소개한다. 본인은 현역 때의 습관이 그대로 나왔을 뿐 허세를 부리고 싶었던 것은 아니었겠지만, "직함을 과시하고 있다."는 오해를 받을 수 있다.

이웃과의 교제나 지역 사회에서 사람을 사귈 때는 근무처나 직함을 알릴 필요가 전혀 없다. 오히려 말하지 않아야 한다고 마음속 깊이 새겨두자. 일상생활을 공유

하는 이웃이나 지역 사회의 인간관계에서는 아무리 유명한 기업의 훌륭한 직함이라도 전혀 소용이 없을 뿐만 아니라 오히려 직함을 말하는 바람에 자기도 모르게 거리감이 생겨 사실상 동료들로부터 배제되는 경우도 드물지 않다.

이웃과 교제 시의 비결은 처음부터 상대에게 너무 가까이 다가가지 않는 것이다. 떡치기 대회를 한다면 리더의 지시에 따라 쌀을 담당하는 사람은 열심히 쌀을 찌고, 떡을 칠 때는 있는 힘껏 떡메를 들어올린다. 뒤집기 담당은 떡치는 사람과 타이밍을 잘 맞춰 최대한 쌀을 뒤집는다. 가장 중요한 것은 모두와 하나가 되어 시종일관 밝고 명랑하게 행동하며 그 날 그 장소를 최대한 즐기는 마음이다. 금방 쳐낸 떡에 팥고물과 콩고물, 무즙 등을 묻혀 한 입 가득 입에 넣으면, 이런 곳에서는 확실히 근무처라든가 직함은 아무 관계가 없다는 것을 실감할 수 있을 것이다.

관계를 오래 유지하고 싶다면 지나친 호의는 베풀지 말자

휴식 시간에 여성 자원봉사자들이 "이번에 저렴한 버스여행을 다녀왔는데, 여기 저기 데리고 다니는 건 좋은데 너무 바빠서 기념품 살 시간이 없었어."라고 이야기하는 것을 들은 적이 있다. 일정한 나이가 되면 자식들이 품에서 떠나기 때문인지, 당일치기 혹은 1박 정도로 버스여행을 다니는 여성이 많아졌다. 텔레비전 프로그램에서 소개되는 여행을 봐도 참가자의 대부분은 50대 이상의 여성들이다. 놀랄 정도로 저렴한 가격이라 여행사는 어떻게 비용을 맞추는지 신기할 정도다.

동시에 놀라운 것은 여행 참가자 여성들의 엄청난 쇼

핑 행태다. 버스가 멈추고 구경을 하거나 특산물을 파는 가게로 안내될 때마다 대부분 양 손에 쇼핑 봉지를 들고 나온다. 걱정되는 것은 그 기념품이 다 어디로 가느냐다. 그 지역에서만 볼 수 있는 향토 특산품 가게를 구경하는 것이 여행의 즐거움 중 하나라는 것은 알고 있다. 그렇다고 해서 조금만 아는 사람이다 싶으면 아무에게나 기념품을 뿌려댄다면 어떻게 되겠는가?

여행 기념품이라면 그나마 이해할 수 있지만 그 중에는 "너한테 어울릴 것 같아서."라거나 "이거, 예쁘지? 너랑 맞춰 입으려고 2개 샀어."라고 선물을 주는 경우도 많다. "이거, 내 취향은 아니지만 ○○씨에게 받은 거라서, 안 쓰면 미안하니까."라면서 확실히 그 사람답지 않은 것을 하고 있는 경우도 있다. 왜 자기가 좋다고 생각하는 것은 상대도 틀림없이 좋아할 것이라 생각하는지 이해하기 어렵다. 달갑지 않은 친절이라는 말도 있다는 것을 알아두기 바란다.

'뭔가를 준다'는 것은 상대에 대한 호의의 증거다. "그게 왜 나빠?"라고 묻는다면 대답하기 곤란하지만, 받기만 하면 안된다는 감정은 누구에게나 있다. 특히 이웃으로부터 기념품을 받으면 가끔 마주칠 때마다 마음이 점점 무거워진다. 물건을 주는 것이 상대의 마음에 부담을 주기도 한다는 것을 생각하자. 필요 이상으로 물건을 주는 등 상대가 원치 않는 호의는 베풀지 말자.

그리고 50대가 되었다면 쓸모없는 물건이나 필요 없는 물건은 없는지 집 안을 다시 한 번 정리하자. 그 때 남에게 빌린 물건이 나올 수도 있다. "금방 쓸 물건이 아니니까 아무 때나 돌려줘도 돼."라는 말에 돌려주는 걸 잊고 있지는 않았는가? 어느 날 내 친구는 딸에게 "아버지, 누구한테 빌린 물건을 그냥 갖고 있지는 않으시죠?"라는 질문을 받았다. 이야기를 자세히 들어보니 "친구 아버지가 돌아가신 후에 '빌려준 고서를 돌려주면 좋겠다'는 연락을 받았는데 어디에 있는지 몰라서 곤란한 모양이에요."라는 것이다.

친구의 딸은 어쩌면 자기 부모에게도 그렇게 잊어버린 물건이 있지는 않은지 걱정이 되어 질문을 한 것 같았다. 요컨대 부모에게 무슨 일이 생긴 후에 갑자기 모르는 사람으로부터 똑같은 소리를 듣게 되면 곤란하니까 건강할 때 돌려주라는 것이다.

"그렇긴 하네."라고 생각한 내 친구가 대청소 겸 방 정리를 해보니 책, CD, 카메라 등 빌렸는데 돌려주지 않은 물건이 나왔다. "이래선 안 되지."라고 생각한 그는 즉시 전부 돌려주었다고 한다. "별로 비싼 것도 아니니 돌려주지 않아도 되겠지."라고 편하게 생각하는 사람도 가끔 있는 듯한데, 물건의 가치는 사람마다 다르다. 얼마나 중요한 것인지는 물건 주인이 아니면 모른다. 그리고 '빌린 물건은 돌려주는 것'이 기본이다.

빌린 후 오랜 시간이 지나면 왠지 돌려주기가 힘들어지기도 하는데, 사과와 감사의 마음을 확실히 전하며 돌려주자. 경우에 따라서는 작은 선물을 함께 들고 가는 것도 좋겠다. 반대로 빌려준 물건을 돌려받지 못해 마음이 개운치 않은 사람도 있을 것이다. 이럴 경우에는 돌려달라는 의사 표시를 하는 게 최고다. 아무말도 하지 않고 있으면 안 된다. "빌려준 ○○를 우리 딸이 필요하다고 해서 돌려주면 좋겠는데……."라고 말하면 자연스럽게 돌려받을 수 있다. 빌려준 것과 빌린 것을 청산해 주변을 가볍게 비우고 마음도 가볍게 지내자.

인간관계의 보물,
학창 시절 친구와의 인연을 다시 살려보자

인생의 후반전, 특히 정년퇴직 후가 충실할지 아닐지의 열쇠는 '가볍게 사귈 수 있는 친구'가 얼마나 있느냐에 달려있다고 해도 과언이 아니다. 일을 하는 동안에는 동료도 있고 거래처에서 마음이 맞는 지인이 생기는 경우도 종종 있다. 하지만 정년퇴직 후에는 그리 쉽게 인간관계를 넓힐 수 없다고 생각해야 한다.

주부도 마찬가지로 지금까지는 아이의 성장과 더불어 엄마들과 친분을 넓혀왔지만 앞으로는 새로운 친구를 만들 기회가 점점 줄어든다. 반면에 나이를 먹어감에 따라 자유롭게 쓸 수 있는 시간은 늘어난다. 그만큼 친구가 더 많았으면 좋겠다고 생각하게 된다. 인생은 때때로 아이러니하다. 하지만 누구에게나 엄청난 친구 자원이 있다는 것을 기억하자. 그렇다. 학창 시절에 그렇게나 사이좋았던 친구들이 있지 않은가? 초중고, 그리고 학원이나 대학 시절 친구들을 손꼽아 본다면 그 수는 깜짝 놀랄 정도가 될 것이다. 이 친구 자원을 활성화시키면 인생 후반전을 즐겁게 보낼 친구의 범위를 상상 이상으로 넓게 확장시킬 수 있다.

50대 초반이면 학생에서 사회인으로 발을 내딛은 지 30년쯤 되는 사람이 많을 것이다. 졸업 후 30주년이 되는 해에는 '홈커밍데이'라고 해서 출신학교에 모여 하루를 즐겁게 보내는 기념 이벤트를 하는 학교도 적지 않다. 자신의 출신학교에서 그런 이벤트를 하지 않는다면 스스로 발기인이 되어 '학우와의 재회' 이벤트를 열어 보는 방법도 있다. 홈커밍데이를 계기로 매년 동기회를 열어 옛 친구와 교류를 다시 시작한 사례도 매우 많다.

'홈커밍데이'는 '이것을 기회로 학창시절 친구들과 한 번 더 인연을 맺게 하자'는 학교 측의 '부모 같은 마음'인지도 모른다. 학창 시절의 친구들은 노후를 지탱

해줄 인간관계의 보물창고다.

연하장을 보내는 계절이 되면 귀찮은 생각도 한 몫 거들어, '근하신년'이라는 축사에 한두 마디 덧붙이는 정도의 연하장을 주고받는 게 무슨 의미가 있을까 하고 망설이는 사람도 있을 것이다. 실제로 젊은 세대는 서서히 연하장과 멀어지고 있는 추세다. 최근에는 연말이 되면 '휴대전화로 연하장을'이라는 광고가 유행하기도 해서 인터넷 메일이나 휴대전화, 스마트폰으로 새해 인사를 하는 사람도 늘고 있다.

하지만 설날 한 꾸러미씩 날아드는 연하장을 한 장 한 장 읽는 것은 각별한 즐거움이다. 일본 우체국의 관제 연하엽서 발행 매수의 추이를 살펴보면 최초의 발행은 1949년에 1950년도용을 만든 것으로 발행 매수는 1억 8천만 장이었다. 이후 거의 상승곡선을 그리며 늘어나서 최대는 2003년의 44억 5,936만 장이었다. 이후 하향곡선을 그리며 감소해 2014년용 연하장은 일본 우체국 홈페이지에 따르면 35억 8,730만 장이 발행되었다고 한다. 이 숫자를 단순히 인구로 나누면 1인당 30장 정도가 된다.

정년퇴직한 사람의 이야기에 따르면 퇴직하는 순간 연하장 숫자가 급격히 줄어들어 새삼 현역에서 물러난 적적함을 절실히 느끼게 된다고 한다. 그런 와중에 수십 년이나 변함없이 연하장을 보내주는 옛 친구의 존재는 얼마나 귀중한가. 나는 연하장을 읽다가 이따금 그리움이 북받치면 전화를 건다. 실제 목소리를 들으며 오랫동안 격조했던 시공간을 순식간에 뛰어넘어 어제 만난 친구처럼 대화가 오간다. 그렇게 주고받는 대화 중에 흥이 오르면 "오래간만에 만날까?"라는 말을 꺼내보는 것도 좋을 것이다.

노후가 가까워진다는 느낌이 들면 이렇게 오랜 친구들과의 교류를 새로이 하라. 그러면 자신에게 아직 이렇게 많은 친구가 있다는 사실에 기운이 날 것이다. 연하장을 받으면 그리운 친구와 전화로 이야기해보라.

내키지 않는 관계에 휘둘리지 말고 온라인 친구를 늘려보자

옛날부터 알고 지내던 사람이라고 해서 앞으로도 친분을 계속 유지하고 싶은 사람만 있는 건 아닐 것이다. 오랜 세월 살다보면 의리라는 것도 있고 속박이라는 것도 있어서, 그 중에는 멀리하고 싶은 사람, 가능하면 만나고 싶지 않은 사람도 섞여 있게 마련이다. 현역 시절에는 그런 사람을 포함해 어느 정도의 인간관계를 유지해야 한다.

하지만 인간관계에서 오는 스트레스만큼 부담스러운 것도 없다. 현역에서 물러나면 가능한 스트레스가 없는 평화로운 하루하루를 보내고 싶은 법이다. 이를 위해서 앞으로는 함께 있으면 기분 좋은 사람, 만나서 이야기 나누면 즐거운 사람, 또 진심으로 만나고 싶은 사람을 중심으로 인간관계를 정리하자. 반대로 그렇지 않은 사람과의 교제는 서서히 정리하기 바란다.

이제 그 사람과는 교제하지 않겠다고 절교 선언을 하는 것은 간단하다. 하지만 그런 식으로 인간관계를 차단하면 상대보다 자신이 더 상처를 입는 경우가 많다. 게다가 인간관계는 네트워크 형식을 띠기 때문에 A씨와의 관계를 끊으면 B씨와의 관계까지 불편해지는 경우가 종종 생긴다. 풍파를 일으키지 않고 인간관계를 정리하는 가장 좋은 방법은 시간을 두고 조금씩 거리를 두면서 점차 소원해지는 것이다.

예컨대 지금까지는 이런저런 일로 매일같이 만나던 사이라면, 세 번에 한 번은 "미안, 형편이 여의치 않아서."라며 만나자는 제안을 거절한다. 혹은 상대가 만나자고 하면 나가지만 내가 먼저 만나자고 하지 않는다. 이런 식으로 서서히 만나는 간격을 넓혀나가면 얼마 후 자기도 모르게 "그러고 보니 최근 만나지 않게 되었네." 라는 소리를 하게 될 것이다. 그런 식으로 자연스럽게 교제를 줄여가는 인간관계 정리법을 익혀 실천하기 바란다. 이제부터라도 의리나 얽매임으로 이어 온 인간관계를 정리하는 법을 익히자.

"페이스북에는 신기한 효력이 있더군요." 가끔 나를 찾아오는 제약회사 의약정보 담당자가 한 이야기다. 페이스북에 가입하자 학창시절 친구들이 연달아 접속을 하더라는 것이다. 페이스북은 1984년 19살이던 미국 청년 마크 저커버그가 만든 인터넷상의 소셜 네트워크다. 13세 이상이면 누구라도 유저가 될 수 있고 등록정보는 실명이 원칙이다. 개인정보 등록도 필요하다. 애칭이나 익명, 가명으로도 활동하는 다른 소셜 네트워크에 비해 필연적으로 커뮤니케이션의 질이 높다. 그 결과 가속적으로 유저가 늘어 현재 전 세계에 10억 명 이상이 이용하고 있다.

최대의 장점은 공통의 관심을 가진 유저 그룹을 만들거나 다른 유저가 만든 그룹에 자유롭게 참가할 수 있다는 점이다. 예컨대 같은 대학 출신, 입사 동기 유저 그룹을 만들어 자유로운 커뮤니케이션을 즐길 수 있다. 개인끼리 메시지를 보낼 수도 있기 때문에 친구 만들기와 친구와의 커뮤니케이션 장으로도 활용되고 있다.

제약회사의 의약정보 담당자도 페이스북을 통해 옛 친구들과 만나게 되었다고 한다. 장소는 학창시절에 자주 들르던 학교 앞 찻집. 그 찻집이 여전히 영업을 하고 있는지도 인터넷으로 확인했다. 인터넷이란 참으로 편리한 것임을 새삼 재확인했다며 웃었다.

스카이프를 사용하면 해외에 있는 친구들과도 화상 전화를 할 수 있다. 이처럼 편리한 것들을 적극 활용하여 아날로그 우정을 돈독히 유지해나가자.

여행지나 레스토랑, 술집 등에서 요리가 나와 "아, 맛있겠다!"라며 젓가락을 들면 "잠깐 기다려!"라고 막는 사람이 있다. 먹기 전에 스마트폰 카메라로 촬영하는 게 습관인 사람이 상상보다 훨씬 많아지고 있다. 이렇게 찍은 사진은 블로그나 페이스북에 업로드 되어 그것을 본 사람으로부터 '좋아요'라는 코멘트가 달리는 등 반향을 일으킨다.

인생의 한창때가 지나고 이제부터는 서서히 인생의 가을에 접어든다. 이를 위해 서서히 의식을 바꾸고 라이프 스타일도 바꾸고자 한다면 블로그나 페이스북을 시작하는 것도 효과적인 수단 중 하나다. 블로그나 페이스북은 자신이 보거나 듣거나 만난 것 중에서 특히 인상에 남았던 것을 발신하는 곳이다. 다만 평소의 일기와는 달리 인터넷을 통해 불특정 다수에게 발신하는 것이므로, 국내뿐 아니라 전세계로 퍼지는 발신 수단이다. 그런 만큼 정보의 발상이나 수준이 점점 더 연마되고 많은 사람으로부터 반응을 얻을 수 있다는 기쁨도 크다. 그런 이유로 아주 가볍게 시작한 블로그가 점차 자신의 일부로 단단히 뿌리를 내리게 되고 이윽고 인생의 가을을 풍요롭게 물들이는 세계로 발전하는 경우도 있다.

정보를 발신할 때마다 매번 읽어주는 고정 독자가 늘어나면 새로운 인간관계가 형성된다. 게다가 인기 블로그가 출판으로 연결되는 생각지도 못했던 발전도 경험할 수 있다. 예컨대 Y씨는 블로그를 계기로 최근에는 1년에 한 권 정도의 꼴로 책을 출판하게 되었다. 종합상사맨이었던 Y씨는 해외 출장이 많았고 비즈니스를 통해 현지 사람들과 교류가 잦아 그 나라와 지역에 밀착된 정보를 얻을 기회가 많았다. 그래서 50대에 접어들 무렵 인터넷 홈페이지를 만들어 해외정보를 올리기 시작했다. 그 정보에 대해 낯선 사람들이 반응을 해오는 것에 뜻밖의 기쁨을 느끼며 홈페이지에 계속 정보를 올리던 중 블로그 붐이 일게 되었다. 홈페이지에서 블로그로 갈아 탄 후 다른 사람의 블로그와 링크하기 시작했더니 어느새 등록 독자가 1,000명 가까이 되었다고 한다.

그 인기를 눈여겨 본 작은 출판사로부터 의뢰가 들어왔고, 실제로는 상당한 부수를 사들이는 사실상의 자비출판에 가까운 형태로 첫 책을 출판한 것이 5, 6년 전의 일이다. 이 책이 계기가 되어 두 번째 세 번째 출판 의뢰가 들어왔고 정년을 맞이할 즈음에는 저서가 10권을 헤아릴 정도로 늘었다고 한다. 블로그와 페이스북을 통해 생각지도 못했던 일을 하게 된 Y씨의 인생 후반부. 그와 같은 가능성은 누구에게나 열려 있다. 블로그와 페이스북은 인생의 가능성을 넓혀줄 새 시대의 툴이다.

Chapter Five

부부 관계

결국 남는 건 부부, 당신의 행복이 달려있다

부부 사이가 평온하고 따뜻하다면
인생은 그것으로 행복하다

사소한 순간을 기념하고 소박한 데이트와 작은 이벤트를 즐겨라

현재 50대 이상인 사람들은 결혼을 빨리 했기 때문에 50대에 은혼식을 맞는 부부도 드물지 않다. 자식은 이미 독립을 했고 부부 둘만의 생활이 시작된 사람도 적지 않을 것이다. 인생 80~90년 시대이므로 부부 만의 생활은 앞으로 더 오래 계속될 것이다. 결혼생활이 50~60년이니 부부 둘만 마주보며 사는 날들이 더 긴 셈이다. 초고령 시대란 그런 시대다.

이렇게 긴 노후를 함께 지낼 부부 사이가 돈독하지 않다면 어떻게 될까? 집 안에는 냉랭한 공기가 흐르고 마음은 최악의 상태일 것이다. 상상만 해도 슬퍼지려고 한다. 초고령 시대에 무엇보다 중요한 것은 부부 관계를 평온하고 따뜻하게 유지하는 것이다. 심지어 부부의 앞에는 남편과 아내가 함께 늙어가는 길이 펼쳐져 있다. 근력은 떨어질 것이고 누군가 아프면 간병이 필요해질 수도 있다. 그럴 때에도 두 사람의 힘으로 살아가야 한다. 그것도 최대한 즐겁게. 노후야말로 생의 동반자로서 서로의 존재가 귀중한 가치를 가지게 되는 시기다.

하지만 대부분의 남편은 일에 쫓기고 애초에 집에 있는 시간도 짧다. 주말에도 사교 골프를 치거나 주중의 피곤을 푸느라 바쁘다. 남편의 그런 모습을 배려하느라 아내는 가능하면 집안일이나 자녀 문제를 혼자 떠맡게 되고, 그러다보니 무슨 일이든 혼자 하게 된다. 지금까지 부부사이에 있던 자녀도 독립을 하고 어느새 두 사람만 남았다. 하지만 최근에는 대화도 줄고 서로 마주 하는 일도 없어졌다.

그런 상태임을 깨달았다면 바로 부부관계를 회복해야한다. 지금이라면 아직 충분하다. 늦지 않았다. 당장은 대화의 기회를 늘리는 것이 급선무다. 오랜만에 함께 외출해 밖에서 식사를 즐기는 것부터 시작하면 어떨까?

50대 부부의 데이트도 꽤나 멋진 일이다.

여러 번 말하지만 나는 50대 후반에 한 번 퇴직을 경험했다. 이때 가장 먼저 마음속에 떠오른 것은 아내에 대한 끝없이 깊은 감사였다. 아내가 없었다면 아이들이 무사히 자랄 수 있었을까? 내 경우에는 물리적으로 시간이 없어서 자녀교육의 대부분은 아내가 도맡아 했다. 게다가 몇 번에 걸친 이사와 해외 생활. 휴일이면 골프를 치러 나가거나 책만 읽는 남편이었다. 50대의 은퇴도 솔직히 나의 이기적인 선택이었다.

하고 싶은 말도 있었을 것이다. 하지만 아내는 그것을 말없이 받아들이고 그 때마다 최선을 다했다. 그녀가 없었다면 단언컨대 지금의 나는 없었을 것이라 확신한다. 아내가 특별히 훌륭한 여성이어서가 아니다. 대부분의 부부관계는 아내 덕분에 유지된다. 이 나이가 되도록 무사히 살아왔다면 오로지 아내의 협조 덕분이라고 해도 과언이 아니다.

아내에게 진심으로 고마워하는 남편이 나 뿐만은 아닐 것이다. 다만 나는 아내에 대한 고마움을 기회가 있을 때마다 말과 행동으로 표현하려고 노력한다. 생일이나 결혼기념일도 잊은 적이 없다. 미국 생활을 하면서 배운 가장 큰 것은 남편과 아내가 상대를 허니라고 부르며 생일이나 크리스마스에 선물을 교환하는 등 항상 부부관계를 소중히 여기는 점이었다. 나도 미흡하나마 줄곧 그렇게 해오고 있다. "아내에게는 감사하고 있지. 하지만 그런 걸 쑥스러워서 어떻게 말로 해? 새삼 말하지 않아도 아내가 알 거라 생각해."라는 말은 핑계에 지나지 않는다.

이심전심, 생각은 전해진다고 하지만, "항상 고맙게 생각해."라는 말을 들으면 역시 기쁘게 마련이다. 선물도 마찬가지다. 비싼 것이 아니라도 괜찮다. 용돈이 빠듯하다면 장미 한 송이라도 좋다. 꽃을 받고 기뻐하지 않을 여성은 없을 것이다. 나이를 먹고 익숙해질수록 이런 것을 소중히 여기기 바란다. 이것이 영원히 잉꼬부부로 사는 비결이 아닐까? 아무것도 아닌 날, 장미 한 송이를 아내에게 선물하라. 영원한 잉꼬부부로 지내기 위해.

고마운 마음을 매일, 조금씩, 표현하라

미국에서는 하루에 열 번 이상 'I love you'라고 말하지 않으면 이혼을 당한다는 말이 있다. 물론 농담이긴 하지만, 미국 사람들은 우리와는 비교도 할 수 없을 정도로 서로의 애정을 말이나 포옹, 키스 등의 행동으로 표현한다. 앞으로는 우리도 행복하다면 태도로 나타내자. 지금의 50대는 의식이 상당히 변했다고는 하지만, 여전히 'I love you'라는 말이나 포옹, 키스가 다소 쑥스럽다는 사람이 많은 것 같다.

하지만 다음과 같은 이야기라면 자연스럽게 말할 수 있지 않을까? 과자업체인 '후지야'의 후지야 패밀리 문화연구소에서는 2013년 11월에 '남편에게 듣고 기분 좋았던 말 & 화났던 말'이라는 조사를 했다. 조사 대상은 전국의 20~60대 기혼여성. 여기서는 40~60대 이상의 답변을 소개한다.

〈듣고 기분 좋았던 말〉

- 실망하고 있을 때 "칭찬하는 사람이 아무도 없다 해도 내가 칭찬해줄 테니까."라는 말을 들었다.(58세/결혼 29년차)
- "당신에게는 다른 인생의 선택지가 있었겠지만, 나한테는 당신 밖에 없어."(50세 / 결혼 19년차)
- "고마워."라고 무심한 듯 말해주었을 때(61세 / 결혼 32년차)
- "내 마음속은 당신으로 가득 차 있어."(57세 / 결혼 16년차)
- 요리를 맛있다고 칭찬해 줄 때(51세 / 결혼 26년차)
- "예뻐. 모두들 그렇게 말하니 나도 좋아." 라고 말해 주었을 때(53세 / 결혼 21년차)

〈듣고 화났던 말〉

- 듣고 싶지 않은 결점을 대놓고 말할 때(58세 / 결혼 29년차)
- "역시 성격이 안 맞아."라는 말을 들었을 때(47세 / 결혼 4년차)

'화났던 말'에 대한 대답 중 눈에 띈 것은 "금방 잊어버리려고 노력하는 편이라 잊어버렸습니다."라는 말이었다. 이렇게 피하는 방법도 있음을 기억해 두기 바란다. 듣기 좋은 말을 선물하면 부부 사이가 더없이 원만해진다는 것도 잊지 말자.

부부는 공기와 같은 존재다. 없으면 안 되지만 서로의 존재를 의식해야만 하는 상황이 되면 답답해진다고 생각하는 사람이 적지 않을 것이다. 하지만 그런 부부일수록 정년퇴직이 가까워지면 "앞으로도 지금까지와 같은 관계를 유지할 수 있을까?", "정말 이대로 괜찮은 걸까?"하는 불안이 밀려든다.

'남편 재택 스트레스 증후군'이라고 들어 본 적이 있는가? 의학박사인 구로카와 노부오 씨가 이름 붙인 것으로, 남편이 집에 있어서 생기는 스트레스가 원인이 되어 아내에게 발병하는 다양한 증상을 말한다. 증상은 다양하다.

- 울적한 기분이나 좌절감
- 고혈압
- 두통, 어깨 결림
- 우울 증상
- 심한 짜증과 초조감
- 심장의 두근거림과 호흡 곤란
- 소화기 궤양
- 키친 드링커(가족이 없는 시간대에 집에서 지속적으로 혼자 술을 먹는 주부를 이르는 말-옮긴이)

힘들었던 자녀 양육과 남편의 내조를 졸업하고 이제부터 인생을 즐길 시기를 맞이했는데 이런 증상으로 괴로워한다니 너무 허무하지 않은가? 이런 증상을 발견했다면 주저하지 말고 정신과를 찾아가 진료를 받자. 카운슬링과 약물로 증상이 완화되고 점점 좋아지는 경우가 대부분이다. 더 중요한 것은 '남편 재택 스트레스 증후군'에 시달리기 전에 남편과의 관계를 개선하는 일이다. 그러기 위해서는 마음의 문을 닫을 것이 아니라 일단 상대방의 입장에서 생각해 보기를 권한다.

러시 아워에 전철을 함께 타 보고 "남편은 매일 이렇게 혼잡함에 시달리며 출퇴근을 하는구나."라는 생각이 들자, 남편의 고생을 헤아리는 마음을 되찾을 수 있었다는 아내가 있었다.

등을 돌리지 말고 상대를 한 번 더 응시하자. 서로를 응시하는 눈이 있다면 애초에 좋아서 맺어졌던 그 마음이 '식은' 것이 아니라 '깊숙이 파묻혀 있었을 뿐'임을 깨닫게 되는 경우도 많다. 상대의 입장에 서 보면 깊숙이 파묻혀 있던 진심을 깨닫게 된다.

취미가 같다면 부부의 시간은 저절로 즐거워진다

정년 후 제2의 인생을 시작할 때 당신 옆에 있어줄 사람은 지금 같이 살고 있는 남편 혹은 아내다. 이왕 함께 살아갈 바에는 누구든 즐겁게 마음을 합쳐 잘 지내고 싶은 것이 인지상정이다. 이를 위한 열쇠 중 하나는 부부가 공통의 취미를 갖는 것이다.

에도시대 베스트셀러였던《양생훈》을 쓴 가이바라 에키켄은 "인간은 즐기기 위해 세상에 태어났다."는 철학을 가지고 그것을 실천한 사람이다. 에키켄이 가장 중요하게 여겼던 것은 '부부임을 즐기는 것'이었다.

에키켄 부부를 단단히 묶고 있었던 것은 공통의 취미

였다. 두 사람 모두 악기 연주에 능해서 에키켄의 환갑 잔치에서 에키켄은 비파를, 아내는 거문고를 축하객들 앞에서 함께 연주했다는 기록이 남아 있다. 여행도 공통된 즐거움이었던 듯한데, 각지의 온천과 교토, 나라 등을 함께 여행했다는 기록도 남아 있다. 나는 이러한 에키켄 부부의 모습이 좋아서 다른 책에도 소개한 적이 있다.

그러자 어느 날 한 독자로부터 이런 편지를 받았다. “제 남편은 일은 잘하지만 취미라고는 없는 사람이라 정년퇴직 후 어떻게 지낼지 걱정이 태산입니다. 1년 전 선생님 책에서 가이바라 에키켄의 이야기를 읽고 뒤늦은 감은 있지만 저희도 부부가 함께 즐길 수 있는 취미를 가져볼까 생각하게 되었습니다.”

편지에 따르면 아내는 제2의 인생을 밝고 활기차게 살고 싶어서 남다른 노력을 해 왔던 모양이다. 자녀들이 독립한 후에는 훌라댄스에 합창, 꽃꽂이와 요리, 다도, 서예 등을 배우고 있었다. 수업료 정도는 스스로 벌기 위해 파트타임으로 일도 하면서 의욕적으로 인생을 사는 모습을 엿볼 수 있었다. 그런데 이야기는 지금부터가 시작이다. 에키켄 부부의 이야기를 알게 된 후 이 부인은 "이런 상태로는 나만 즐거울 뿐, 남편은 정년퇴직을 하게 되면 결국 집이나 지키고 있겠다."는 생각을 하게 되었다.

그래서 둘이 함께 즐거워할 취미를 시작하기로 마음먹었다. 남편이 좋아할만한 것은 무엇일까? 대답은 의외로 금방 찾을 수 있었다. 아이가 고등학교 다닐 무렵 기타에 푹 빠진 적이 있었는데, 그 때 남편이 아이의 기타로 코드 비슷한 것을 쳤던 일이 생각났다. 남편에게 "기타 배우지 않을래요?"라고 물었더니 예상대로 흔쾌히 따라주는 게 아닌가! 어쩌면 남편은 남편대로, 이대로 계속 취미다운 취미도 없이 지낸다면 정년퇴직 후에는 무엇을 해야 할지 불안한 마음이 있었는지도 모른다.

남편은 순식간에 기타에 빠져들었고 휴일은 물론이고 평일 퇴근 후에도 열심히 연습했다. 아내는 약간의 꾀를 내어 연습을 별로 하지 않았다. 다른 것을 배우러 다니느라 바쁘기도 했지만 연습할 시간이 아예없었던 것은 아니다.

당연히 남편의 실력이 훨씬 빨리 늘었다. 남편은 기분이 좋아져서 "당신도 연습을 좀 하지 그래."라고 말하기에 이르렀다. 휴일이면 남편이 솔선해서 기타를 꺼내들고 아내에게 가르쳐주게 되었고 그 무렵부터 대화하는 시간도 점점 늘어났다고 한다. 편지는 계속되었다.

"남편에게 성취감을 안겨주는 이 작전은 대성공이었다고 생각합니다. 최근에는 플라멩코 기타 연주를 들으며 식사할 수 있는 스페인 식당에 함께 다녀왔고, 퇴직 기념 여행은 스페인으로 가기로 했습니다. 스페인 이야기가 나오면 들떠서 야단입니다. 이렇게 공통 취미를 키워나갈 수 있다면 정년퇴직 후가 불안하기는커녕 정년이 빨리 왔으면 하는 심정입니다."

내 책과 만난 덕분이라고 썼지만 책은 계기에 불과하다. 실제로 행동으로 옮기지 않으면 이런 변화는 일어나지 않았을 것이다. 이 이야기에 동감한다면 가라오케든 댄스든 무엇이든 좋으니 어서 부부가 함께 즐길 수 있는 취미를 시작해보자. 제2의 인생이 기다려지게 만드는 비결은 부부가 함께 즐길 수 있는 공통의 취미에 있다.

일본은 부부관계를 별로 중요하게 여기지 않는 사회라고 생각하지 않는가? 회사 행사는 가족을 대상으로 한 이벤트를 제외하면 사원들만 참가하는 것이 보통이다. 부부동반 행사는 그다지 일반적이지 않다. 하지만 부부로 지내는 시간이 점점 길어지고 있으므로 앞으로는 일본에서도 좀 더 '부부'가 존중받는 사회, 구체적으로는 부부동반으로 행사에 참가하거나 부부동반의 교류가 좀 더 왕성해지는 사회가 되면 좋겠다.

부부동반의 교제를 활성화시키는 계기를 만들기 위해 도입했으면 하는 것이 홈파티 문화다. 해외 특히 구미에서는 앞으로 함께 일하는 등 친하게 사귀게 될 사람은 우선 자기 집으로 초대한다. 당연히 부부동반이다. 대개 다른 한두 쌍의 부부도 초대해서 함께 즐거운 시간을 보내며 자연스럽게 교류의 폭을 넓혀나간다. 초대를 받으면 화답을 하는 것이 홈파티의 관례다. 다음에는 이쪽에서 초대하는 입장이 되는데 이때도 역시 초대하는 쪽의 지인 부부를 한두 쌍 더 초대한다.

그리고 그 중 누군가가 다음 차례가 되거나 생일 혹은 결혼기념일 등의 이벤트가 있는 사람이 다음 홈파티를 여는 식으로 1년에 몇 차례씩 부부동반으로 홈파티를 한다. 그러다 보면 어느새 남편과도 부인과도 친해지는 인간관계가 자연스럽게 형성되는 것이다. 그 계기를 만든다는 차원에서 50세 생일이나 은혼기념일 등을 빌미로 홈파티를 열어보는 것은 어떨까?

나도 미국 체류 중에 몇 차례 홈파티에 초대를 받았는데 미국의 홈파티 요리는 놀라울 정도로 심플하다. 테이크아웃 에피타이저와 피자에 샐러드 정도인 경우도 있었다. 그런 가벼운 마음이 파티를 한층 더 즐겁게 만든다고 생각한다. 이 정도의 파티라면 우리집에서도 열 수 있지 않을까?

부모의 간병, 부부간의 간병에 대해 미리 의논하자

50대나 60대는 부모님이 대부분 70~90대다. 이 세대는 '간병세대'에도 해당되어 정년퇴직을 맞을 즈음에 간병문제와 직면하게 되는 사람이 늘고 있다. 저출산 고령화의 선두 주자이기도 한 세대여서 형제는 2명 정도가 대부분이라 분담한다고 해도 부담은 2분의 1이다. 외동이라면 혼자서 부모 둘을 부담하는 경우도 있을 것이다.

지인 중에 독신으로 살면서 일과 사생활 모두 최고로 충실한 인생이었다고 만족하던 여성 편집자가 있었는데, 정년을 맞이할 무렵 부모님이 쓰러져 정년퇴직 후에는 간병에 매달리는 생활로 바뀌고 말았다. 형제들도 독신인 여자 형제를 간병의 적임자로 보기 쉽다. 부부일 경우라면 힘을 합칠 수 있다는 이점은 물론 있지만 친부모인지 배우자의 부모인지에 따라 미묘한 심리가 작용하는 것도 사실이다.

나는 부모의 간병은 각자의 친자식이 주로 맡아야 한다고 생각한다. 그렇다고는 하지만 남편이 아직 재직 중인 경우에는 시간을 낼 수 있는 주부나 여자 형제가 간호를 도맡는 경우가 많은 것이 현실이다. 문제는 그것을 당연하다고 생각하는 것이다. 자기 부모의 간병을 아내에게 맡기고 "며느리니까 당연하다."라거나 "나는 장남이니까 결혼할 때부터 각오하고 있었을 테지."라고 생각하는 남편도 적지 않은 듯한데, 이것은 너무 염치없는 생각이다. 형제들도 간병문제가 생기면 "장남이니까." 라거나 "출가외인이니까."라는 말을 꺼낸다. 이것도 이상한 말이다.

그렇게 서로 떠넘기는 일이 생기지 않도록 부모가 70대에 접어들면 자식들이 모여 부모의 간병에 대해 어떻게 할지 경제적인 문제까지 포함해 충분한 얘기를 해 두도록 하자. 이 때 부모의 희망사항을 들어두는 것도 중요하다. 배우자는 최선을 다해 지원을 하는 입장이다. 그 지원에 대해 배우자는 물론 형제들도 진심으로 감사를 표시하는 것을 소홀히 해서는 안 된다. 양쪽 부모님의 간병문제와 어떻게 직면할 것인지가 정년 전후의 시금석이다.

'간병이 필요해지면 누구에게 받겠습니까? 혹은 누가 해 주면 좋겠습니까?' 기혼 남성에게 이런 질문을 던지면 대부분이 '아내'라고 대답할 것이다. 인생을 함께 걸어온 아내가 자신을 돌봐주기를 바라는 마음은 충분히 이해한다. 하지만 그렇게 대답한 대부분의 사람들이 마음속으로 "아내가 남편을 간병하는 것은 당연하다."고 생각하는 것도 사실일 것이다. 나는 이 부분은 좀 잘못되었다고 생각한다.

통계를 보면 여성이 더 오래 살기 때문에 아내가 간호를 할 확률이 높지만, 그래도 남편보다 아내가 더 건강하리란 보장은 없다. 그렇다면 부부가 서로 '배우자에게 간병이 필요해지면 어떻게 할 것인가'를 생각해 두어야 하지 않겠는가? 어느 날 갑자기 '노노간병'의 날이 찾아왔을 때 당황하지 않도록 슬슬 제대로 된 대화를 나눌 기회를 만드는 게 어떨까?

열두 살 연상인 남편과 살고 있는 K씨도 남편의 간병은 당연히 자신의 몫이라고 생각하고 있었다고 한다. 그런데 이 생각은 어느 사고를 계기로 변하게 되었다. K씨가 자전거를 타고 물건을 사러 가던 도중 교차로에서 자동차와 부딪쳤다. 다행히 부상은 가벼웠지만 "잘못 부딪쳤다면 장기 입원을 해야 했을지도 모릅니다."라는 말을 의사에게 들었다. 그 때 "만일 내가 누워 지내게 된다면 남편은 어쩌지?"라는 생각이 머릿속을 스쳤다. 평소 집안일은 K씨에게 모두 맡기는 남편이었기에 갑자기 불안해진 것이다.

자신이 간병을 받을 수도 있음을 깨닫게 된 그녀는 즉시 남편에게 이야기하고 이해를 시킨 후에 다친 곳이 회복되기를 기다려 함께 시청의 간병서비스 창구를 찾아갔다. 간병이 필요해졌을 때 받을 수 있는 재택 서비스에는 어떤 것이 있는지, 간병 인정을 받기까지의 시간은 어느 정도인지, 혹은 시설에 입소한다면 어디에 있는지 등 알고 싶은 정보를 얻기 위해서였다.

구체적인 이야기를 듣고 상담을 한 결과 K씨 부부에게는 마음의 준비라고 할까, '노노간병'에 대한 각오가 생겼다고 한다. 간병을 아내의 역할이라고만 생각했다면 큰 착각이다.

지금까지 소원했던 형제 친척과 잘 지내는 법을 배워라

"지금까지는 멀리 사는 친척들과의 관계를 부모님이 잘 처리해 주셨는데……." 대학시절부터 도쿄 생활을 시작해 취직도 결혼도 도쿄에서 하면서 도시 생활방식에 완전히 익숙해져 있던 사람이 부모님의 죽음을 계기로 친척들과 왕래해야 하는 번거로움 때문에 골치를 앓게 되었다는 이야기를 주변에서 흔히 들을 수 있다.

W씨도 그런 사람 중 하나다. 작년에 부친이 돌아가셨을 때도 본가의 삼촌이 장례 일체를 전담했고 W씨는 멍하니 있기만 했다. 그 후에도 "납골은 어떻게 할 거냐? 돌아가신 후 처음 맞는 우란분(음력 7월 15일 돌아가신 조

상에게 제사를 지내는 날로 한국의 추석에 해당한다-옮긴이)에는 위패를 모신 절의 스님을 불러 나름대로 할 건 해야 돌아가신 아버지가 떠돌아다니지 않는다."라며 이것저것 참견을 해대서 귀찮다고 하소연을 한다. 그 밖에도 "친척집 제사니까", "먼 친척집 딸이 결혼식을 올리니 오너라."라며 다짜고짜 고향으로 호출당하는 일이 늘어난 것도 고민거리다.

이와 같은 고민에 직면한 사람이 적지 않을 것이다. 도시와 지방은 친척과의 왕래에 상당한 의식 차이가 있는 것 같다. 본가 · 분가의식이 뿌리 깊게 남아있는 곳도 있을 것이다. 도시에 살면서 일 때문에 바쁜 당신이라면 적당히 좀 하라고 말하고 싶은 마음도 생길 것이다. 하지만 그 마음은 잠시 접어두고 가장 먼저 해야 할 일은 격식을 고집하는 윗세대를 대우해주는 일이다. 이것이 마찰을 최소한으로 막는 최상의 기술이다.

예컨대 "본가 선대의 33주기 추도식이 있으니 오너라."는 말을 들었다고 하자. "나는 지금 죽을 둥 살 둥 일하고 있구만, 얼굴도 모르는 선대의 33주기 추도식에 참가할 시간이 어디 있어?"라고 말하고 싶겠지만 참석

할 수 없는 경우에는 더욱 더 상대의 말을 존중하고 우선 귀를 기울여야 한다.

"삼촌 말씀이 맞습니다. 아버지께서도 선대로부터 적잖은 신세를 졌다고 말씀하셨습니다. 저도 꼭 참석하고 싶지만, 공교롭게도……."

이런 말을 들으면 상대도 분명 사정을 헤아려 줄 것이다. 내가 제사를 지내는 경우에도 마찬가지로 우선 친척의 의견을 묻는다. 상대의 의견을 충분히 들은 후라면 자기 방식대로 추진하더라도 분명 인정을 받을 것이다. 우선 상대의 주장에 귀를 기울이자. 이것이 친척과의 관계를 부드럽게 만드는 비결이다.

친척과의 왕래가 귀찮기만 한 것은 아니다. 지인인 R씨는 4형제 중 막내로 위에 두 명의 누나와 형이 한 명 있다. 각자의 배우자를 합하면 7명이다. 누나 중 한 명이 젊었을 때 이혼을 해서 혼자 자식을 키웠기 때문이다. 각자 1~2명의 자식이 있는데 모두 사회인이 되어 부부 둘 혹은 혼자서 살고 있다.

몇 년 전 어머니를 여의고 유산 상속 이야기를 하게 되었을 때 형제 중 한 명이 이런 말을 꺼냈다고 한다.

"우리에게 싸울 정도의 유산이 있는 것도 아니고, 어머니의 가장 큰 기쁨이 형제가 모여 사이좋게 이야기하는 걸 가만히 지켜보시는 것이었잖아. 이야기는 온천에라도 가서 좋은 분위기에서 하는 게 어때?"

물론 모두 대찬성이었다. 2대의 차에 나눠 타고 온천에서 1박을 했다. 유산 상속 이야기는 '정확히 4등분'으로 깔끔하게 정리해 흔히 일어나기 쉬운 '상속 다툼'은 전혀 없었다. 다툼은커녕 형제 여행을 1년에 한두 번 가기로 결정했고 그 후로는 즐거운 연중행사로 발전했다고 한다. 그러는 중에 형편이 되는 조카들도 합류하게 되어 지금은 사촌끼리 모이게 되고 그 아이들까지 만나는 일이 많아졌다. 여행이 아니더라도 누구네 집에 모여 밥을 먹고 즐기는 식으로 형제에서 비롯된 친척 모임의 기회가 점점 늘고 있다고 한다.

원래부터 형제간에 사이가 좋았던 것도 아니라고 한다. 젊은 시절에는 삶의 방식이 달라 대립한 적도 있었고 부모님 간병을 둘러싸고 제법 살벌한 분위기가 되었던 적도 있었다. 하지만 세월은 그런 것들을 정화시켜 주는 법이다. 점차 나이를 먹고 지금까지 자신을 둘러싸고 있던 왁자지껄한 인간관계가 서서히 정리되면 되돌아갈 곳은 결국 같은 부모로부터 태어나고 함께 자란 형제와의 유대관계가 아닐까? 형제가 "든든하고 가장 안심할 수 있는 관계라는 것을 느꼈다."고도 했다.

과거의 친척관계와는 달리 서로의 가정사에 깊이 개입하지 않도록 암묵적으로 선을 긋고 있는 것도 형제간의 관계를 기분 좋게 만드는 이유다. 사촌과 사촌의 자녀들도 저출산 시대를 반영하듯 하나 혹은 둘뿐이다. 앞으로 분명 외롭고 허전할 것이라 내심 걱정을 하던 참이었는데 아이들은 어느새 서로의 집에서 잠을 자기도 하며 사이좋게 지낸다. 다음 세대, 그 다음 세대로 새로운 친척간의 교류가 넓어진 것은 생각지도 못한 즐거움이라고 기뻐했다.

이렇게 친척관계를 넓히는 중심 역할도 50대에게 기대되는 일 중 하나라고 할 수 있지 않을까? 새로운 방식의 친척관계를 즐기는 노후도 멋지다!

Chapter Six

살아있다면 매일매일 필요한 돈

노후 자금 관리, 꼼꼼한 전략이 필요하다

부부끼리 '정기 자금 회의'를 하라, 현실적인 자금 관리는 필수다

살아있는 한 돈이 든다. 이것은 사람이 사회적 동물이 된 이후 얻게 된 숙명이다. 수명이 늘어나고 인생이 80년, 90년으로 연장되는 것은 기뻐할 일이지만 한편으로는 그만큼 필요한 돈이 많아지는 것이기도 하다. 정년퇴직 후 대부분의 사람들은 연금에 의지한다. 그 연금도 재정난 때문에 몇 년 전 지급 연령을 65세로 올린 지 얼마 되지도 않았는데 여전히 부족해 최근에는 더 연장해 70세부터 지급하자는 움직임을 보이고 있다.

그런 불안을 반영하듯 10명 중 4명은 '노후자금이 매우 불안'하다고 대답한 조사 결과가 있다. 《니케이 머

니》가 실시한 '노후 자금 설문조사' 에서

- 매우 불안 : 37.3%
- 약간 불안 : 42.4%
- 별로 불안하지 않음 : 16.4%
- 전혀 불안하지 않음 : 3.9%

라는 결과가 나왔다.(2012년 10월에 인터넷 상에서 실시. 회답자의 평균 연령은 52세. 75%가 재직 중) 노후에 얼마가 필요한가에 대한 정보도 난무하고 있다. '노후에 필요한 돈' 으로 인터넷 검색을 하면 최고로는 6700만 엔이라는 정보가 있는가 하면 약 3000만 엔이라는 정보도 있다. 다만 이것은 연금 이외에 추가로 필요한 돈이다.

기준이 되는 것은 2010년도 총무성 가계조사보고인데, 이에 따르면 남편 65세, 아내 60세 이상인 고령 무직 세대 부부의 한 달 평균 지출은 26만 4948엔이다. 반면에 수입은 22만 3757엔으로 매월 4만 1191엔이 적자다. 이 상태로 부부 모두 90세까지 산다고 가정하면 연금 이외에 필요한 돈은 약 3000만 엔이 된다.

게다가 부부가 노후에 여유 있는 생활을 누리기 위해서는 월 36만 6000천 엔의 수입이 필요하다는 설도 있다(2010년도 생명보험문화센터 '생활보장에 관한 조사'). 이에 따르면 정년퇴직 후 30년간 필요한 금액은 약 6700만 엔이 된다.

이러한 숫자를 어떻게 받아들일 것인가? 나는 경제 전문가가 아니므로 연금 행정의 향후와 이 숫자를 합쳐서 분석하지는 못한다. 내가 '니케이 머니' 조사에 주목한 것은 '불안'으로 여기고 있는 약 80퍼센트의 사람과 '불안하지 않다'고 대답한 약 20퍼센트의 사람을 다음과 같이 분석하고 있다는 사실 때문이다.

노후 자금을 '불안하다'고 말하는 사람과 별로 '불안하지 않다'고 대답한 사람은 어디가 다를까? 최대의 차이는 '불안하다'고 말하는 사람은 현재 상황을 구체적으로 파악하지 않고 막연히 '불안하다'고 여긴다는 점이다. 예컨대 '불안하다'고 대답한 사람 중 자신의 공적 연금 수령액을 알고 있는 사람은 10퍼센트밖에 안된다.

반면에 '불안하지 않다'고 대답한 사람 중 30퍼센트는 연금 수령액을 파악하고 있으며 노후생활의 이미지를 명확하게 가지고 가족과 자주 대화를 하고 있었다. 자신이 미래에 받게 될 연금에 대해서뿐만 아니라 교육비와 주택 대출 등이 향후 어떻게 되는지, 그리고 노후에는 어떤 식으로 살고 싶은지, 그러기 위한 자금은 있는지 등 부부가 자주 노후에 대한 이야기를 하고 있다면 터무니없이 불안해지는 일은 없을 것이다.

실제로 1억 엔 가까운 자산을 가지고 있으면서도 '매우 불안하다'고 대답한 사람도 있다고 한다. 물론 어느 정도의 돈은 필요하지만, 확실한 것은 '그림의 떡'은 먹지 못한다는 사실이다. 그래서 권하고 싶은 것이 50대가 되면 부부가 1년에 한두 번 '가계 회의'를 열어서 노후자금 계획의 개요를 제대로 파악해두는 것이다. 그렇게 하면 노후계획의 문제점이 명확해지고 향후 둘이서 노력할 방향성이 보일 것이다. 아울러 앞으로도 둘이서 힘을 합쳐 노력하자는 서로에 대한 신뢰가 생기고 그 신뢰감이 막연한 불안을 극복하는 원동력이 될 것이다. 노후자금에 대한 불안은 구체적인 숫자를 파악하면 해소할 수 있다.

인생의 내리막길, 마음의 풍요로움을 무엇으로 유지할 것인가

케세라세라 정신이 중요하다

재무성 발표에 따르면 2013년 말 현재 국가 부채가 역대 최고인 1017조 9459억 엔으로 늘어났다. 신생아부터 초고령자까지 국민 1인당 800만 엔, 부부는 1600만 엔의 빚을 지고 있는 셈이니 놀라울 따름이다. 빚이 점점 늘고 있는 가장 큰 이유는 고령자 증가로 인해 사회복지비용이 하늘 높은 줄 모르고 치솟고 있기 때문이다. 또한 건강보험제도를 유지하기 위해서도 많은 돈이 사용되고 있다.

소비세율 인상만으로는 이를 충당하기에 부족한 부

분이 있으므로 향후 고령자 건강보험의 자기 부담과 간병보험의 자기 부담률이 점차적으로 인상되는 것은 피할 수 없는 일이다. 복지가 아무리 중요해도 돈이 없으니 어쩔 도리가 없다. 누군가는 부담을 해야만 한다. 왠지 기분이 착잡해진다. 40~50대들은 흔히 "부모님 세대의 고령자들은 좋겠어. 연금도 웬만큼 나오고 사회보장도 어느 정도 충실하니까. 하지만 우리가 노인이 되면……."이라고 말한다. 분명 미래가 그다지 밝지만은 않을 것이다. 그렇다고 20년, 30년 앞의 일을 예상해 절망하고 침울해한들 무슨 소용이 있겠는가.

지금 할 수 있는 것을 최선을 다해 한다면 그 다음은 '케세라세라(Que sera sera) 정신'으로 살면 된다. 나는 그렇게 생각한다. '케세라세라'는 원래 스페인어로, '어떻게든 되겠지'라는 의미다. 즉 인간이 노력할 만큼 노력했다면 그 다음은 하늘에 맡기자는 것이다. 하루하루를 열심히 살아간다면 '어떻게든 된다'. 부정적인 사고에 사로잡히지 말고 밝게 그리고 조금은 속 편하게 사는 것도 노후를 위한 지혜 중 하나가 아닐까? '케세라세라'와 '어떻게든 되겠지'를 삶의 표어로 삼자.

"이거, 연금생활을 하다 보니."라고 입버릇처럼 말하며 매사에 인색하게 살다보면 마음까지 위축된다. 하지만 이미 연금생활에 들어간 선배 중에는 정해진 틀 속의 생활을 훌륭하게 즐기며 사는 사람도 적지 않다.

O씨는 이전 병원에서 사무를 담당하던 여성인데 "나? 이혼했어."라고 당당하게 말하는 밝은 성격으로 인기를 끌던 사람이다. 본인이 말하기를 "이보다 더 태평한 인생은 없을 거야!"란다. 내가 그녀의 연금 생활을 보고 대단하다고 감탄한 것은 '이것만은 아끼지 않겠다.'는 영역을 확실하게 정해 놓은 점이었다.

그녀는 클래식 음악을 매우 좋아하는데, 그것도 CD가 아니라 가능하면 라이브 연주를 듣고 싶어 한다. NHK 교향악단 회원이 되어 정기연주회에는 빠지지 않고 참석하고, 밀라노 오페라 같은 해외 일류 연주자의 일본 공연은 수만 엔이나 하는 티켓도 아까워하지 않고 보러 간다. 듣자하니 연금에서 매월 일정 금액을 이런 '사치'를 위해 모으고 있다고 했다.

"당연히 그만큼 평소에는 알뜰하게 살아요."라며 웃

는데, 라이브 연주를 듣는다는 마음의 사치를 만끽하기 때문인지 "알뜰한 평소 생활도 전혀 괴롭지 않아요."라고 활짝 웃으며 말한다.

간소함과 사치를 구분해 잘 조율한다면 한정된 연금을 가지고도 마음만은 넉넉하게 살 수 있다는 본보기라 하겠다. 이 강약의 조절을 어떻게 해 나가야 할까? 간단한 것 같지만 사실은 굉장히 어려운 일이다. 50대부터 이것만은 소중히 하겠다는 영역을 확실히 압축해 놓으면 그녀처럼 만족도 높은 연금생활을 할 수 있지 않을까? 노후생활에서 마음의 풍요로움을 무엇으로 실현할 것인지 슬슬 영역을 좁혀나가야 할 때다.

심플한 삶과 정신적 여유를 가지려면 자금 관리가 중요하다

생활수준을 올리면 노후가 고달파진다

50대부터 정년퇴직 때까지는 대부분의 가정이 경제적으로 꽤 여유가 생긴다. 가계에 가장 큰 부담이었던 교육비 지출로부터 해방되고 주택 대출금도 해결될 기미가 보인다. 수입도 나름대로 늘어났을 것이다. 게다가 부부가 건강하니 의료비도 거의 들지 않을 것이다. 이때가 되면 대부분은 한숨 돌리게 마련이다. 오랫동안 살림살이에 쫓겨 고생했던 것을 생각하면 그 마음도 백 번 이해가 된다.

하지만 여기서 마음을 놓고 생활수준을 올려서는 안

된다. 이것이 노후 생활의 질을 결정하는 데 가장 중요한 것임을 명심하자. 평소에는 근처 초밥집에 충분히 만족하던 사람이 보너스가 생겨 유명 초밥집 카운터에서 고급 재료로 만들어주는 초밥을 먹어보면 그 맛에 감동하게 된다. 여기까지는 좋았는데, 그 다음부터는 근처 초밥집에 만족할 수 없게 된다는 것이 문제다. 자기도 모르는 사이에 맛집으로 발을 옮기게 되는 것이다.

이런 마음은 모든 것에 적용된다. 즉 생활수준은 한 번 올라가면 웬만해서는 원래대로 되돌리기 어렵다. 지금의 50대는 레저와 외식 등을 잘 활용하며 삶을 즐기는 세대다. 하지만 그렇기 때문에 더욱 더 지금보다 생활수준을 높이지 않도록 제동을 걸어야 한다는 것을 기억하자.

영국의 시인 워즈워스는 '런던 1802년'이라는 시에서 'Plain living and high thinking'이라고 노래했다. '심플한 삶 속에서 고매한 사상을 키우라'는 의미이다. 노후를 생각한다면 소비로 치닫던 생활에서 간소한 삶 속에 있는 마음의 풍요와 고매한 사상으로 눈을 돌리자. 마음이 풍요로운 노후는 이런 자세로 향하는 곳에 조용히 펼쳐지기 때문이다. '낮게 살고 높게 생각하는' 생활로 갈아타자.

필요없는 물건은 반드시 정리하라

자녀들이 독립하고 나면 지금까지 좁아터질 것 같던 집이 갑자기 텅 빈 듯 넓게 느껴진다. 정신적인 부분이 크겠지만 실제로 부부와 자녀가 둘인 가족구성에서 자녀가 집을 떠나면 '인구 밀도'는 반으로 떨어져 물리적으로도 둘이서 사용하는 공간은 크게 늘어난다. 이럴 때 자녀 방은 그대로 두는 경우가 많다. 가끔 집에 다니러 오는 자녀가 사용할 뿐 나머지 기간에는 자투리 짐들을 보관하는 장소로 쓰이는 경우가 대부분이다.

이건 정말 아까운 일이다. 주택은 인생에서 가장 큰 구매품이다. 자녀의 방이 차지하는 공간을 구입 비용으로 환산한다면 예컨대 자녀 2명의 방 2개는 수천만 엔에 달할 것이다. 앞으로는 부부 둘이서 살아갈 집이다. 큰맘 먹고 자녀 방을 정리해 그곳을 남편 방으로 또 하나의 방이 있다면 그것은 아내 방으로 개조하는 건 어떨까? 지금까지 가족을 위한 집이었다면 이제는 부부를 위한 집으로 대대적인 전환을 꾀하는 것이다.

이런 대대적인 집 개조를 하는 데에는 또 하나의 커다란 장점이 숨어있다. 자녀 방을 정리하거나 혹은 개조한 후 남편과 아내가 자신의 방으로 물건을 옮기는 과정에서 억지로라도 집을 대청소하게 된다. 생각해보면 내 집을 마련한 후 십수 년에서 20년 이상이 지난 경우도 많을 것이다. 전근이나 새집 구매로 이사를 한 경우가 아니라면 우리 집에는 10~20년 간의 역사가 새겨져있을 것이고, 그것은 곧 그동안 가족이 사용하던 물건들이 그대로 쌓여있다는 말이기도 하다.

큰맘 먹고 그것들을 '앞으로도 가지고 있을 것'과 '필요 없는 것'으로 선별하여 '필요 없는 것'은 처분하자. 그리고 서서히 생활을 가볍고 깔끔하게 꾸려나가는 습관을 기르도록 하자. 나이가 들면 집착이 강해진다. 쓸데없거나 필요 없는 물건은 50대부터 정리하기 시작하자.

자식과 손자에게 적당히 쓰고 노후자금을 최대한 확보하라

"애들 교육비 때문에 빈털터리가 됐어." 이런 이야기를 드물지 않게 듣는다. 현재의 50~60대는 초등학교 입시와 중학교 입시가 활발해지기 시작한 첫세대기 때문에 보습학원과 몇 개의 취미학원 등에 자녀를 보내느라 상당히 많은 돈을 지출해온 가정이 많다. 2014년 1월에 발표된 문부과학성의 '자녀 학습비 조사'에 따르면 자녀의 수업료, 교재비, 급식비, 교복비의 연간 합계액은 공립일 경우 유치원이 23만 엔, 초등학교가 30만6천 엔, 중학교는 45만 엔, 고등학교는 38만6천 엔. 사립의 경우에는 유치원이 48만7천 엔, 초등학교가 142만2천 엔, 중학교는 129만5천 엔, 고등학교는 96만7천 엔이다.

강습료나 학원비 등을 포함해 유치원에서 고등학교 졸업 때까지 드는 학습비 총액은 공립을 선택한 경우 평균 500만 엔, 사립을 선택한 경우에는 평균 1677만 엔이나 된다고 한다. 자식을 위해서라면 조금 힘들더라도 최대한 해주고 싶은 것이 부모의 마음이다. 그 마음은 충분히 이해한다. 그리고 이렇게 무거운 교육비 부담에 시달리는 경우, 조부모로서는 자기도 모르는 사이에 도와주고 싶은 마음도 들 것이다.

하지만 자식에게 돈을 쓰는 것은 사회인이 될 때까지라고 선을 그어야 한다. 자식도 손자도 당연히 사랑스럽다. 그 사랑스러움에 자기도 모르게 그만 지갑을 열어버리지는 않는가? 최근에는 이런 풍조를 더욱 부채질하는 제도까지 생겼다. 2013년 4월에 '손자에게 주는 교육자금을 1500만 엔까지 비과세로 증여할 수 있다'고 세제가 개정되어 화제를 모으고 있다. 손자 한 명당 1500만 엔이므로 손자가 4명이면 6000만 엔까지 비과세로 증여할 수 있는 것이다.

다른 집 '할머니 할아버지'들은 그렇게나 부자인가,

이런 궁금증은 일단 제쳐두고 이 세제의 내용을 상세히 살펴보자. 세제의 명확한 명칭은 '교육자금의 일괄 증여와 관련된 비과세 조치'다. 2013년 4월에 시행돼 현 단계에서는 2015년까지 한시적 조치로 되어있다.

이 제도를 이용할 경우에는 신탁은행에 '전용구좌'를 개설하여 1500만 엔까지 돈을 입금하고 필요할 때 인출해 사용하면 된다. 다만 인출 목적은 유치원, 초중고등학교, 대학교 등의 입학금과 수업료, 수학여행이나 소풍 등의 과외활동, 학원과 예비학교 비용, 피아노, 수영, 영어회화 등의 학원비여야 한다(학교 이외에 지불하는 금액은 상한 5만 엔까지).

이 비용이 정말 목적대로 사용되는지 증명해야 하므로 영수증도 제시해야 한다. 하숙비, 유학 시 항공료 등은 원래의 목적대로 사용되었는지 판단하기 어렵기 때문에 대상에서 제외되었다. 입금된 1500만 엔은 조부모가 사망한 후에도 사용할 수 있지만 대학 졸업 등 교육기간이 끝난 후에도 자금이 남아있을 경우에는 잔액에 대해 상속세보다 무거운 증여세가 부과된다.

이 기획은 근래에 없던 대성공을 거두어 2013년 4월부터 3개월 만에 대형은행 4군데서만 1000억 엔의 자금이 모였다고 한다. 첫 손주가 태어나 이 세제에 관심을 갖게 되었다는 사람도 있을 것이다. 지인들 중에는 자식이 사회인이 된 후에도 결혼식과 신혼여행 비용, 주택 계약금을 대는가 하면, 손주가 태어나면 장난감과 브랜드 옷을 사주는 등 아끼지 않고 돈을 쓰는 경우도 사실 많다. 그것도 모자라 손주의 교육비까지 떠맡다니…….

좋은 할머니 할아버지 역할을 만끽하고 있는데 쓸데없는 참견이다 싶겠지만, 어지간한 자산가를 제외한, 퇴직금과 연금으로 노후를 꾸려가야 하는 사람이라면 다시 생각해봐야 한다. 앞으로는 닥쳐올 노후를 위한 준비를 먼저 해야 한다. 우선 자신의 노후를 견고히 하는데 힘을 기울여야 한다. 인생의 마지막까지 경제적인 것을 포함한 모든 것을 철저히 자신이 책임져야 한다. 결과적으로 그것이 자식과 손주 세대에게 무거운 청구서를 내밀지 않는 삶으로 통한다는 것을 자각하기 바란다. 자식과 손주에게 돈을 낭비하지 말고 자신의 노후자금을 최우선으로 확보하라.

소비 습관, 보험, 주거에 대한 전반적인 체크가 필요하다

카드보다는 현금을 쓰는 습관을 기르자

카드는 확실히 편리하고 안전하다. 치안이 불안한 외국에서는 현금을 가지고 다니지 않아도 되기 때문이다. 공항에서 커피를 마실 때조차 카드를 내미는 사람도 흔히 볼 수 있다. 일본에서는 커피 한 잔까지 카드로 결제하는 사람이 아직은 많지 않은 듯하지만, 젊은 세대 중에는 가벼운 쇼핑도 카드로 하는 사람이 늘고 있는 게 확실하다.

최대한 하나의 카드를 사용해 포인트를 쌓는 쏠쏠한 재미도 있는 것 같다. 나 같은 사람은 기껏해야 항공사

마일리지를 쌓는 정도지만 평소의 생활비를 최대한 포인트가 쌓이는 형식으로 지불하는 젊은 지인의 이야기를 들어보면, 포인트로 얻을 수 있는 부가 서비스를 우습게 여길 것만은 아닌 것 같아 놀라웠다.

다만 카드로 지불하는 데에는 '현금이 없어도 문제가 없다'는 커다란 함정이 있음을 간과해서는 안된다. 충동구매를 억제하지 못하는 사람들 대부분은 "결제는 나중에 하니까……."라며 스스로 위안하며 산다. 보너스가 있는 현역시절이라면 충동구매 같은 뜻하지 않았던 지출도 보너스로 어떻게든 해결할 수 있을 것이다. 하지만 최근에는 빠르면 50대부터 1차 정년퇴직이 시작되고, 이후에는 고용형태가 바뀌어 보너스가 없어지는 경우도 많다.

그런 것을 생각하면 쇼핑은 좀 더 계획적으로 하는 게 좋다. 적어도 충동구매는 하지 않는 습관을 슬슬 익혀야 할 것이다. 예컨대 평소의 쇼핑은 카드로 결제하고 큰 쇼핑은 예금을 인출해 현금으로 지불하라. 얼핏 보면 일반적인 방법과는 다른 역발상이지만, 이렇게 하면 큰 금액의 쇼핑을 할 때마다 돈의 중요성과 지갑이 얇

아지는 아픔을 온몸으로 받아내며 물건을 사게 될 것이다. 이렇게 계속 반복하다보면 불필요하거나 급하지 않은 물건을 선뜻 구매하는 일이 점차 사라지게 된다.

평소의 습관은 쉽게 바뀌지 않는 법이다. 노후에 가졌으면 하는 습관을 지금부터 서서히 만들기 시작해야 한다. 그러지 않으면 때는 늦다. 큰 액수의 구매는 현금으로 지불하자.

생명보험이나 의료보험을 꼼꼼히 검토하라

지인 중 작가인 E씨는 현재 60대 후반이다. 젊었을 적에는 유명 출판사에서 근무했는데, 중도에 퇴직하고 프리랜서가 되었다. 말 그대로 조직에 얽매이지 않는 자유로운 삶을 만끽해왔다. 50대 후반이 되었을 무렵부터 주위에서 장래에 수령할 연금액에 대한 이야기를 듣고 인터넷으로 '연금 수령액 간이 조견표'를 찾아 연금액을 조사해 보고는 깜짝 놀라고 말았다. 후생연금 + 국민연금으로 구성된 E씨의 연금은 말문이 막힐 정도로 적은 금액이었던 것이다.

다행히 젊었을 때 의리로 가입한 생명보험이 연금형

이라서 65세부터 75세까지 한정된 기간이기는 했지만 매년 100만 엔이 넘는 연금이 지급된다는 것을 확인했다. 게다가 E씨는 2구좌나 가입되어 있었다. E씨는 계약 후 가입 내용조차 모른 채 보험료를 내고 있다가 연금으로 받게 된 운 좋은 경우였지만, 당연히 그 반대인 경우도 있을 수 있다.

이참에 현재 가입된 보험을 모두 검토하고 필요에 따라 재구성해 보기를 권한다. 최근에는 여러 회사의 보험 상품을 취급하면서 고객 한 사람 한 사람의 라이프 플랜을 상담하고 가장 적합한 보험을 조언해주는 곳도 늘고 있다. 의료보험이나 암 보험도 매년 더 많은 치료를 보장하면서 보험료를 낮춘 신상품이 다양하게 출시되고 있다. 매월 지불하는 돈이므로 약간의 차이도 무시할 수 없고 나이가 많아지면 보험료도 급격히 오르는 경우가 대부분이다. 우선 50세쯤에 한 번, 그리고 2, 3년마다 신제품과 비교하면서 자신에게 가장 적합한 보장내용으로 최소의 비용이 드는 보험을 골라 잘 갈아타면 된다. 궁금한 신제품 정보가 있다면 꼼꼼하게 상담하자.

노년에는 아파트가 더 편리할 수도 있다

G씨는 내가 이전 근무처에서 알게 되어 친하게 지내는 남성이다. 나이도 비슷해서 자주 이야기를 나누곤 했다. 어느 날 G씨로부터 갑자기 이사를 한다는 편지가 와서 주소를 보니 지금까지 살던 곳과 지역도 동네도 같은 곳이었다. 다만 단독주택이 아니라 아파트로 이사한 모양이었다.

보고 싶기도 해서 전화를 걸어보니 "아이들도 독립을 했으니 앞으로 내외가 노후를 보내야하지 않겠습니까. 이제 대문만 잠그면 자유롭게 외출할 수 있는 아파트가 편하지 않을까 생각해서요." 라고 말했다. 실제로 이사를 해보니 정원 손질에서 해방되는 등 아파트가 효율적이고 살기 편하다며 만족해 하는 것 같았다.

단독주택에 살때는 집에서 바깥 도로까지 나가는 길에 몇 개의 계단이 있었던 것이다. 작은 구릉지를 개발해 지어진 주택이어서 그 일대는 모든 집들이 도로와 같은 높이의 공간에는 주차장을 만들고 집은 그곳에서 조금 높은 곳에 짓는 구조였다고 한다.

그러면 나중에 다리와 허리가 약해졌을 때 외출시 부

담이 될 수 있다. 또 만에 하나 휠체어를 이용하게 될 경우에는 주차장에서 현관까지 부축을 받아야 한다. 단독주택에 비해 아파트는 광열비가 엄청 적게 든다는 것도 뜻밖의 기쁨이었다고 한다. 원자력 발전소 문제의 행방은 현 단계에서는 어떻게 될지 예측할 수 없지만 만일 원자력 발전소가 없어지면 전기료가 지금의 4배로 뛸 것이라는 설도 있다. 수입이 줄어드는 노후에는 광열비 부담 등 꼭 써야하는 비용은 최대한 줄이는 것이 좋다. 이제 슬슬 10년, 20년 후를 내다보고 가장 좋은 주거방식을 생각해볼 필요가 있지 않을까? 노년에는 아파트 생활이 더 편할지도 모른다.

노후의 최대 자산은 건강,
건강하지 않으면 아무것도 할 수 없다

건강에 대한 투자는 노 리스크 하이 리턴

노후를 위협하는 최대의 적은 질병이다. 질병은 노후의 즐거움을 빼앗을 뿐만 아니라 경제적인 부담도 커서 노후자금에 대한 불안감을 더욱 키운다. 건강 문제는 가장 절실하게 돈 문제와 직결된다. 앞으로 건강보험과 간병보험의 부담은 더 늘어날 것이다. "어떻게 되겠지."라는 생각은 안이한 것일 수도 있다. 노후의 자금계획에는 질병이나 간병을 위해 필요한 돈도 단단히 준비하도록 하자.

한 지인은 건강검진에서 남편이 '약간 비만'으로 나

오자 이를 계기로 부부가 다이어트에 돌입했다. 두 사람은 매일 체중의 변화를 그래프로 만들어 냉장고에 붙여두었다고 한다. 냉장고를 열고 닫을 때마다 그래프를 보면서 먹거나 마시는 것을 자제할 수 있으리라 기대했기 때문이다. 두 사람의 체중 그래프를 함께 만든 것도 효과적이었다. 어느 한 쪽의 그래프가 하향곡선을 그리면 다른 한 쪽도 갑자기 의지를 불태우게 되어 다이어트가 착실히 진행된다고 한다.

회사와 건강보험공단의 건강검진을 받고 있으니 안심이라고 생각하는 사람도 있겠지만 이 진단들이 반드시 충분한 필요항목을 충족시킨다고는 할 수 없다. 50대에 접어들면 가능한 1년에 한 번은 종합정밀진단을 통해 보다 광범위한 검사를 해야 안심이다. 게다가 50세와 55세 등 일정한 시기를 정해 뇌 정밀진단이나 PET 등을 이용한 정밀한 암 검진도 받기를 권한다.

어느 질병에 걸리기 쉬운가는 유전적 요인과 관련된 경우가 적지 않다. 2010년 미국 최고 수준의 의사들로 구성된 클리블랜드 클리닉에서 실시한 연구에서는 "가족의 건강이력을 아는 것이 암 등 자신의 건강상 리스크를 알 수 있는 가장 좋은 방법이다."라고 결론내렸다.

부모님이나 조부모님의 병력과 사망원인을 다시 확인해 보고 리스크가 높다고 판단되는 질병이 있다면 미리 예방책을 강구하거나 정기검진으로 질병의 위험을 최소한도로 억제하자. 노후의 최대 자산은 '건강'이다. 50세가 넘었다면 정기적으로 건강을 체크하라.

'쁘띠 단식'과 'NEAT'를 실천하라

오랜만에 동년배 지인과 만나면 너나할 것 없이 "살이 좀 쪘나?"라며 마주보고 쓴웃음을 짓곤 한다. 중년이 되면 에너지 대사효율이 떨어지기 때문에 지금까지와 똑같은 식생활을 유지할 경우 아무래도 살이 찌게 마련이다.

대사증후군 검진을 통해 널리 알려진 것처럼 비만과 생활습관병 사이에는 깊은 관계가 있다. 40~50대에 들어서면 '배가 80퍼센트만 차게 먹겠다'는 신조로, 시니어 세대에 속하는 나이가 되면 '배가 70퍼센트 혹은 60퍼센트만 차게 먹겠다'는 식으로 조금씩 소식하려고 노력하는 것이 좋다. 나 역시도 그렇게 생각하고 실천하고 있다.

최근 안티에이징 의료의 세계에서는 '칼로리 제한(calorie restriction)'이라는 개념이 주목을 받고 있다. 다양한 실험을 통해 미생물에서 포유류에 이르기까지 섭취 칼로리를 줄이면 오히려 오랫동안 젊음을 유지한다는 것을 알게 된 것이다. 그 열쇠가 된 것이 안티에이징 인자를 활성화하고 장수를 실현시키는 '시르투인(Sirtuin) 유전자'다. 이 유전자는 기아 상태가 되면 스위치가 켜진다. '일을 하려면 든든히 먹어야한다'고 생각하는 사람이라면 평소 젊을 때의 80퍼센트를 먹고 주말 등에 쁘띠 단식을 하는 것도 좋다.

나는 2년 전, 대학원 공부를 시작할 무렵부터 식생활을 완전히 바꾸었다. 아침은 야채주스, 점심은 메밀국수, 때때로 여기에 삶은 달걀을 곁들여 먹는다. 저녁에는 탄수화물을 섭취하지 않고 야채식을 한다. 이것으로 부족한 경우에는 생선을 조금 먹는다. 그래도 허기가 지면 두부로 보충한다. 그 결과 2개월 만에 체중이 5킬로 줄었고 컨디션도 좋아졌다. 생각 탓인지 모르겠지만 머리도 아주 맑아진 것 같다. 매일 이렇게 먹는다면 즐거움이 있을까 여기는 사람도 있을 것이다. 하지만 일주일에 하루 정도라면 가능하다고 생각하지 않는가? 가끔 뜨뜨 단식만 해도 컨디션 조절이 잘되기 때문에 그 기쁨은 생각하는 것 이상으로 크다.

노년기를 위해 또 하나 정착시켜야 할 것이 적절한 운동습관이다. 운동이 중요하다는 것은 알고 있지만 헬스장에 가거나 걷거나 수영을 할 시간이 좀처럼 나지 않는다면 습관적으로 'NEAT'를 실천하면 좋다. NEAT란 'Non Exercise Activity Thermogenesis=(비운동성 활동열 발생)'의 머리글자를 딴 말이다. 일상생활 속에서 몸을 자주 움직이면 그것만으로도 에너지를 소비하기 쉬운 몸이 된다.

에스컬레이터나 엘리베이터를 타지 않고 계단을 이용하며, 택시나 버스를 타는 대신 걷는 습관을 들이면 그것만으로도 훨씬 달라진다. 재팬넷다카타(일본통신판매회사-옮긴이)의 다카타 아키라 사장은 65세의 고령이다. 하지만 날씬하고 젊어 보인다. 다카타 사장은 늘 엘리베이터 대신 계단을 이용한다고 한다. 내일로 미루지 말고 오늘부터 당장 NEAT를 실천하도록 하자.

Chapter Seven

원하는 대로 살기

나답게 사는 것, 이제는 가능할까

'보여지는 나' 말고 '있는 그대로의 나'로 살아가기

'남'이 아니라 내가 원하는 '삶의 방식'을 고수하라

50대 후반에 나는 잘 다니던 대학부속병원에 사표를 냈다. '교수'라는 직함을 달고 월급의사로서 순조롭게 승진도 했던 터라 감사하게 여기고 있었다. 하지만 뭔가가 잘못되었다는 생각이 들었다. 의과대학의 교수는 치료와 동시에 의대생을 가르치고 병원의 운영에도 관여를 해야 하는 입장이다. 그만큼 의료 현장으로부터는 멀어졌고 내 마음속에서는 갈등이 커져갔다.

"나는 교수가 되고 싶었던 것이 아니다. 병으로 고통받는 환자 옆에서 최선의 치료를 하고, 그것이 불가능한 경우에는 어떻게 하면 그들에게 최선의 삶을 찾아줄 수 있을지 환자의 마음을 살피며 환자와 함께 더 나은 삶을 모색하는 그런 자리에 있고 싶다."는 것을 확실히 깨닫게 된 것이다.

일반적으로 보자면, 교수가 되었다고 대학부속병원을 그만두겠다는 결심을 하는 것은 흔치 않은 일이다. 다행히 아내는 이해해 주었지만, 당시에는 앞날에 대한 계획이 전혀 없었기 때문에 "이렇게 '자기 맘대로'인 남편은 세상에 없을 것이다"라는 소리를 들어도 이상하지 않은 상황이었다. 그 후 잠시 백수생활을 하는 동안 지금의 병원에서 새로운 과를 만드니 도와달라는 요청이 들어왔다. 처음에는 일주일에 며칠 일하는 아르바이트였다. 그 후 정식 봉직의 대우를 받게 되었지만 그것은 어디까지나 결과론적인 이야기다.

다니던 병원을 그만둘 때 나는 아르바이트로 생활비 정도는 벌어야 한다고 생각했고, 계속 백수생활을 할 수도 있다는 각오도 했다. 그럼에도 불구하고 그만두고 싶다는 생각을 관철시킨 것이다. 50대 중반을 넘겼고 아이들도 독립을 했으니 앞으로는 '내 맘대로' 살자는 결심했기 때문이다.

흔히 '내 맘대로'라는 감정은 억제되어야 마땅한 것이라고들 생각한다. 그래서 어릴 적부터 "그렇게 제 맘대로 행동하면 안 돼"라며 야단을 맞았다. 하지만 '내 맘대로' 행동하는 것이 그렇게 금지되어야 할 일일까? 줄곧 그런 생각을 해 오던 차에 '내 맘대로 사는 삶의 방식을 긍정하는 글'을 만나게 되었다. '내 맘대로'란 글자 그대로 '내 마음 상태 그대로'란 뜻이다. 자신이 하고 싶은 것을 그대로 실행에 옮기고 살고 싶은 대로 살아가는 것을 말한다.

원래 인간은 그렇게 살아야 한다. 그런데 어째서 우리는 '내 맘대로' 살아서는 안되고, 참지 않으면 안된다고 생각하게 된 걸까? 인간은 '내 맘대로' 살아도 된다는 것을 알게 되면 남이야 어떻든 상관하지 않고 하고 싶은 대로 행동하면 된다고 착각을 하기 때문일 것이다.

남에게는 피해를 주지 않으면서 완벽하게 자립해야 한다. '내 맘대로' 살기 위해서는 타인도 맘대로 사는 것을 인정하고 어떤 경우든 자신의 책임은 스스로 지는 것이 최소한의 필요조건이다. 이러한 자각이 없다면 자기 맘대로 살 자격이 없다고 밖에 말할 수 없다. 그런 생각으로 해서 산다면 아이가 자립하기 시작하는 50대부터는 누구의 눈치도 볼 필요가 없다. 좀 더 '내 맘대로' 살아도 된다. 조금이라도 자신이 살고 싶은 삶의 방식에 가깝게 살기로 하자.

전에 다니던 병원을 그만둘 때 내 머릿속에는 료칸의 삶이 떠올랐다. 료칸은 에도시대 후기 해안가 마을의 명문가에서 태어났다. 젊은 시절 가업을 잇고자 사숙에서 공부도 하고 마을의 촌장도 지냈지만 그것이 자신이 하고 싶었던 일이 아니며 그럴 능력도 없다는 것을 깨닫게 된다. 그래서 절로 도망쳐 출가를 한다. 승려가 된 후에도 조직에 적응할 생각은 하지 않고 방랑생활을 하다가 중년이 된 후 이즈모자키로 돌아와 쓰러져 가는 집에 살면서 가난하게 살았다.

옆에서 보기에는 마을 최고의 명문가에서 태어나 가난한 생활을 한다는 것이 이해하기 어려운 일이었을지도 모른다. 하지만 료칸에게는 이것이 '자기 맘대로'의 삶이었던 것이다. 와카(일본 고유 형식의 시-옮긴이)와 한시를 즐기며 어린 아이들과 공놀이를 하고 승려로서 수행에 힘쓰고……. 거기에 티끌만큼의 비참함도 느끼지 않는 까닭은 료칸이 자신의 마음을 속이지 않고 선택한 삶이었기 때문이 아닐까?

나는 현재 암과 같은 중병에 걸린 사람과 가족을 정신적으로 지원함으로써 환자의 삶의 질을 변화시키고 그 결과 치료에도 좋은 영향을 기대할 수 있다고 믿는 정신종양학(psycho-oncology)을 임상에서 실험하고 있다. 그래서 환자에게 "좀 더 자신이 하고 싶은 대로 살아보면 어떨까요?"라는 권유를 하는 경우가 있는데, 대부분 "아직 ~을 해야 하기 때문에."라거나 "주부라서 집을 비울 수가 없어서."라고 대답한다. "~을 해야 한다."거나 "~을 하지 않으면 안된다."는 생각에서 놓여나지 못하는 것이다.

지인 중에 중년이 되어 통신대학에서 공부를 시작한 여성이 있는데, 그는 수업을 받으러 갈 때 이웃에게 사실대로 말하지 않는다며 웃었다. "이웃들은 이러쿵저러쿵 말들이 많잖아요. 남편은 회사에서 일하고 있는데 공부한답시고 놀러다니는 것 아니냐고 소문날 게 뻔하니까요." 맞벌이를 하지 않는다면 부인은 가정을 충실히 지켜야 한다는 생각이 아직도 만연해 있는 것 같다. 하지만 이제는 그런 생각에서 벗어나는 게 좋다. 자신을 해방시키면 타인의 가치관도 받아들일 수 있게 된다. 그 결과 다양한 가치관을 인정하는 사람이 많아지게 되고, 숨 막히는 세상이 훨씬 더 소통이 잘되는 사회로 바뀌지 않겠는가?

타인이든 사회든 '이렇게 바뀌었으면 좋겠다' 고 생각하는 것이 있다면 자신이 먼저 바꿔나가면 된다. '~해야 한다는 생각' 을 벗어 던지고 씩씩하게 새로운 가치관을 선택하는 모습을 보여준다면 주변의 시선도 분명 달라질 것임을 믿어라. 과거의 가치관을 완전히 벗어 던질 용기를 가지기 바란다.

일 중독에서 벗어나 '회사 우선' 아닌 '나 우선'으로 살자

일, 가정생활, 지역 · 개인의 생활이라는 3가지 선택지 중 어느 것을 가장 우선시하느냐고 묻는다면 당신은 뭐라고 대답하겠는가? 2012년도 내각부 여론조사 중 '남녀공동참획회의(일본 내각부에 설치한 중요 정책회의 중 하나. 남녀평등에 관한 정책을 심의하고 이를 총리에게 제안한다.-옮긴이)에 관한 조사'에서 이 3가지를 제시한 후 희망사항에 대해 물었다.

물론 이 중 2가지 혹은 3가지 모두를 우선시하고 싶다는 대답이 압도적으로 많았지만 여기서는 3가지 중 하나를 대답한 사람만을 대상으로 살펴보기로 하자. '일'

을 우선시하고 싶다고 대답한 사람은 9.8%, '가정생활'을 우선시하고 싶다고 대답한 사람은 27.6%, '지역 · 개인의 생활'을 우선시하고 싶다는 사람은 2.4%였다. 뒤이어 현실은 어떠한가를 물었다. 그러자 '일'을 우선으로 하고 있다가 26.1%, '가정생활'이 32.8%, '지역 · 개인의 생활'이 2.7%였다. 3가지 중에서 하나를 고르라는 점도 그렇고, '지역·개인의 생활'이란 선택지가 현실적으로 가능한 것인지에 대해서도 문제를 제기하고 싶지만, 아무튼 이 설문을 통해 사람들이 '가정생활'을 얼마나 중요하게 여기는지는 잘 알 수 있다.

최근 워크 라이프 밸런스라는 말이 사람들 사이에서 자주 거론되고 있다. IT 기술의 진화로 인해 대부분의 근로자가 하루 24시간 언제든 어디서든 일이나 일과 관련된 연락에 응할 수 있게 되었다. 동시에 그것은 일에 구속받는 시간이 무한대로 늘어났다는 것을 의미한다. 하지만 일 이외의 시간을 충분히 갖지 못하는 상태가 지속되면 사람은 점점 과도한 스트레스를 느끼게 되고 심신의 균형이 쉽게 무너진다.

하지만 지금도 '나는 일 중독자다'라고 자랑스럽게

말하는 사람이 드물지 않다. '자신-일=제로' 이런 방정식이 성립한다고 자랑스럽게 말하는 사람이 있다면 지금 당장 사고방식을 바꿔라. 가정생활도 개인생활도 모두 인생의 소중한 요소다. 일 이외의 기쁨을 좀 더 만끽할 수 있도록 생활하기 바란다.

워크 라이프 밸런스가 필요하다는 주장은 구미에서 시작되었다. 일본에서는 '일, 일, 일'이라는 가치관이 거의 최근까지 버젓이 활개를 치며 통용되고 있다. 하지만 그 결과, 우울증과 심신증(심리적인 불편함으로 인해 신체에 일어나는 병적인 증상-옮긴이)이 늘어나는가 하면 '지시만 기다리는 인간'이 늘어나는 등 근로자의 질은 오히려 떨어졌다.

노동의 질이 크게 바뀐 것도 이런 경향에 박차를 가하게 된 요인이다. 선진국에서는 단순 노동보다 지식 노동의 중요도가 높아지면서 고도의 지식을 요하고 끊임없이 높은 긴장감에 노출되는 일이 늘어나고 있다. 이러한 노동을 장시간 계속하고 야근까지 해야한다면 심신이 지치는 것도 무리가 아니다. 그 결과 결혼도 하지 않고 아이도 낳지 않겠다는 선택을 하게 된다. 저출산 현상은 더욱 심해지고 미래 국가의 힘은 더욱 취약해진다. 이런 흐름이 진행되고 있는 것이 지금 일본의 상황이다.

중년 이후부터 나이가 들수록 가족, 특히 부부 관계가 좋지 않으면 노후를 버티기 힘들다는 것을 절실히 느끼게 될 것이다. 지금까지처럼 집에는 잠만 자러 들어가는 생활을 계속한다면 당신의 노후는 극히 불안하다.

"무슨 소리야. 가족을 위해 열심히 일만 해 왔는데."라고 말하고 싶은 마음은 이해하지만 입장을 바꿔놓고 본다면 부인 쪽에서는, 일은 그럭저럭 해도 좋으니 둘이서 즐길 수 있는 시간을 좀더 갖고 싶었을지도 모른다.

50대가 되면 자신의 일이 앞으로 어떻게 될지 예상할 수 있다. 앞으로도 계속 출세가도를 달려갈 것인지, 평온하고 만족스러운 노후를 염두에 두고 걸음을 조금 늦출 것인지를 결정하기에는 이 무렵이 적기다. 관점에 따라서는 '회사 제일주의'의 사고방식에서 '자기 제일주의'의 사고방식으로 바꾸는 것이 오히려 행복을 가져다주는 경우도 있다. '회사'는 당신을 평생 지켜주지 않는다. 평생 함께 하는 것은 '자신'이다. 그리고 '가족', 그 중에서도 '배우자'다.

가족이 있다면 그걸로 인생은 대만족이다. 배우자가 함께 한다면 더 이상 바랄 것이 없다. 조금 억지스러운 감이 있지만 그렇게 생각하면 갑자기 눈앞이 환해지고 내일부터 느긋한 시간을 가질 수 있겠다고 느껴질 것이다. 제2의 인생에서 가장 중요한 것은 '자신' 그리고 '배우자'다.

50대에 들어섰을 무렵의 일이다. 오랜만에 중학교 친구를 만났더니 이런 이야기를 했다. "여자들은 좋겠어. 우리 회사에는 미혼의 경력직 여성이 몇 명 있는데, 아무렇지도 않게 휴가를 내고 해외여행을 떠나. 나는 그렇게 못 하지. 명색이 부장인데. 올해는 근속 30년이라 2주일간 특별 휴가를 쓸 수 있지만, 여태껏 남자 직원이 꼬박 2주를 쉬었던 전례가 없어. 2주일 정도는 타이밍을 맞추면 쉬지 못할 것도 없지만 말이야. 그렇다고 진짜 쉬겠다고 하면 회사에서 어떻게 생각하겠어? 집사람을 데리고 해외여행이라도 다녀온 걸 들킨다면 웃음거리가 되겠지."

갑자기 이 이야기가 생각난 것은 점심시간에 찾아온 제약회사 영업사원이 똑같은 말을 했기 때문이다. "가면 되잖아. 자네가 첫 전례가 되면 그 뒤를 이을 사람들이 의외로 아주 좋아할 거야." 나는 진심으로 그렇게 말했다. 30년이나 회사를 우선으로 일해 왔고, 회사도 그에 보답하고자 이런 제도를 마련한 것이 아니겠는가. 스스로 그렇게 생각하고 당당하게 아내를 데리고 하와이든 파리든 다녀오면 되는 것이다.

좀 더 주체적으로 행동하는 사고방식을 익히지 않으면 자립된 인간이라 할 수 없다. 장기 근속 휴가를 흔히 '재충전 휴가'라고 한다. 해묵은 스트레스를 해소하고 새로운 의욕이 넘치는 것을 실감한다면 문자 그대로 재충전이다. 회사는 이런 결과를 기대하고 있었던 게 아닐까? 주위 눈치를 보느라 장기 근속 휴가를 무용지물로 만들기보다는 휴가를 최대한 활용하는 것이 결과적으로 일에도 플러스가 된다고 생각하는 건 어떨까?

큰맘 먹고 나가보면 "어땠어요? 두 번째 신혼여행은?"이라며 의외로 주위에서 따뜻한 반응을 보일 것이다. 결혼 후 특히 아이를 낳은 후로는 여행이라고 해봐야 기껏 여름휴가 때 바다나 산으로 3박 4일 정도 다녀오는 게 고작인 집들이 많다. 아이들이 중고등학생이 되면 부모보다는 친구가 우선이 된다. 그때는 가족여행조차 갈 일이 없어질지도 모른다.

둘이서 하와이나 파리로 간다면 아내에게도 더할 나위 없는 재충전의 휴가가 될 것이다. 물론 여기서 재충전되는 것은 두말할 것도 없이 부부관계다. 파리의 어느 카페에 앉아 "정년퇴직 후에 다시 오고 싶어."라고 조용히 얘기한다면, "역시 이 사람과 결혼하기를 잘했다."는 생각이 아내의 마음속에 떠오르게 될 것이다. 그러고 나면 앞으로도 서로 마음과 힘을 합쳐 잘 살아보자는 둘의 유대관계가 새삼 강화되기도 한다. 자기중심적으로 행동했기 때문에 이런 수확도 얻을 수 있는 것이다. 50대에 접어들면 자신을 최우선으로 두고 행동하는 '실전 연습'을 시작하라.

다른 사람을 기쁘게 하면 모두 행복해진다

아이들에게 인기 있는 '호빵맨'의 작가 야나세 다카시. 2013년, 94세로 긴 생애를 마감한 그는 인생 후반에 활짝 꽃을 피운 케이스다. 다재다능한 그는 만화 외에도 시나 동화를 쓰는 등 다양한 활동을 했다. 그러나 만화가로서 대표작을 내놓고 싶다는 꿈이 이루어진 것은 70대를 눈앞에 두었을 무렵이었다. 야나세 씨는 불운했던 시절 "나는 무엇을 위해 살고 있는 것일까?"라는 생각을 자주 했다고 한다. 그래서 얻게 된 결론은 "남을 기쁘게 할 때 스스로도 가장 기쁘다."는 것이었다.

인생의 후반기는 직업적으로 어느 정도 완성을 이룬

시기고 개인적으로 자녀 양육도 끝나는 나이다. 앞으로는 '남을 기쁘게 하는 일'을 통해 자신도 기쁘게 살겠다는 삶의 목표를 갖는 것도 하나의 좋은 선택지가 아닐까? 봉사활동이 그 대표적인 예다. 내가 일하는 성루가 국제병원은 적극적으로 자원봉사자들을 받는 것으로도 유명하다. 기독교 정신을 모체로 하는 병원이라 자원봉사의 역사가 40년이나 된다. 자원봉사자들은 병원 안내와 입원 환자들의 식사 배달 및 수거 등 다양한 활동을 돕는다. 이외에도 병원 전체에 신선한 공기와 사회의 바깥바람을 몰고 와 환자들에게 활력을 주어 간접적인 치료 효과에도 공헌하고 있다. 자원봉사이므로 보수는 없지만 '타인을 기쁘게 하는 일'이 자신에게도 큰 기쁨을 준다는, 돈으로는 살 수 없는 귀중한 체험을 하는 더할 나위 없이 좋은 기회다.

지역사회로 눈을 돌리면 도움을 원하는 장소, 조직, 활동이 분명 눈에 띌 것이다. 시간적으로나 정신적으로 여유가 있다면 이제 그 여력을 타인을 위해 사용하겠다고 생각해보라. 그러면 또 다른 세계가 보일 것이다. 타인에게 기쁨을 주면 자신에게도 큰 기쁨이 돌아온다.

나는 30대에 미국에서 유학생활을 했다. 당시 일본에서는 아직 수련 중이라 다른 것에 눈을 돌릴 여지도 여력도 없던 나이였다. 미국에서도 이 나잇대는 앞날을 향해 맹렬하게 나아가는 나이임에는 틀림이 없다. 다른 점이 있다면 그들은 대부분 어떤 식으로든 사회활동을 한다는 것이다. 휴일에는 지역 아이들에게 축구를 가르치거나 공원과 하천가 쓰레기 줍기 활동을 한다. 친하게 지내던 어떤 의사는 높은 보수를 받아 플로리다에 별장을 짓는 게 꿈이었는데, 좀 더 성공하면 사회봉사활동재단을 세우고 싶다고 입버릇처럼 말하곤 했다. 제2의 인생을 봉사활동에 바치는 것이 '아메리칸 드림의 핵심 중 하나구나' 라는 생각을 절실히 하게 된 계기였다.

그 꿈을 가장 큰 스케일로 실현한 사람이 바로 빌 게이츠가 아닐까? 빌 게이츠는 13년 연속 세계 최고의 부자에 이름을 올릴 만큼 성공했지만 2008년 53세의 젊은 나이에 마이크로소프트사의 사장직에서 물러난다. 그리고 '빌 앤 멀린다 게이츠 재단' 을 세웠다. 재단이 설립된 것은 1996년, 빌 게이츠가 막 40대가 되었을 무렵이었다. 재단은 2000년경에 연간 1억 2천6백만 달러 정도 규모였는데, 그 취지에 찬성하는 재계 인사들로부터 기부를 받아 2년 후에는 20억 달러 규모가 되었다. 2006년에는 투자가 워런 버핏이 자산의 85퍼센트를 이 재단에 기부해 활동자금은 단숨에 307억 달러(2006년 당시)에 달하게 되었다.

재단은 지금도 게이츠 부부와 버핏에 의해 운영되고 있고 '모든 사람이 건강하고 풍요로운 생활을 하기 위한 지원'으로 국제개발 프로그램, 글로벌 헬스 프로그램, 미국 프로그램을 전개하고 있다. 예컨대 국제개발 프로그램은 개발도상국 사람들이 기아와 빈곤을 극복하도록 기회를 주는 지원으로, 그 밖에도 농업개발과 빈곤층에 대한 금융 서비스, 물과 위생 정비 지원 등도 하고 있다고 한다. 오바마 대통령이 '사회봉사 참여'를 요청하는 캠페인을 벌인 일화는 널리 알려져 있다. 이 행사에는 할리우드의 유명 스타가 많이 참가했다. '사회봉사활동'을 사회에 보다 널리 알리는 역할을 자처한 것이다.

일본에서도 잘 알려진 로터리 클럽이나 라이온스 클럽도 원래는 사회봉사 활동을 위해 만들어진 클럽이다.

종교적 배경의 차이도 있겠지만, 일본에서는 아직 미국처럼 '사회봉사' 가 삶의 보람이라는 사고방식이 그렇게까지 널리 퍼지지 않은 것은 분명하다. 그런 와중에 한신 아와지 대지진과 동일본 대지진을 겪으면서 '각자 할 수 있는 일을 해서 돕자' 는 생각을 행동으로 옮기는 사람이 늘어난 것은 기쁜 일이다.

조금 걱정인 것은 일본인은 '쉽게 달아오르고 쉽게 식는' 경향이 있다는 점이다. 지진과 쓰나미 피해 지역에는 아직도 많은 지원이 필요하다. 이런 사람들에게 내가 무엇을 해줄 수 있을지 항상 고민하면 좋겠다. 누구나 바쁜 일상이지만 찾아보면 할 수 있는 일이 반드시 있다. 지금 어려움에 처한 사람을 위해 할 수 있는 일을 하자. 그런 일들이 계속 쌓이다보면 머지않아 내가 타인을 위해 시간을 많이 낼 수 있게 되었을 때 '사회에 봉사하는 일' 이 인생의 중심이 되어 있을 것이다.

고령화가 진행되는 일본에서는 자립과 동시에 타인을 지원하는 시선과 배려가 더욱 중요해질 것이다. 그런 시선과 배려를 키우기 위해서라도, 제2의 인생에서 느낄 보람의 씨앗을 뿌리기 위해서라도 사회 봉사 쪽으로 눈을 돌려보는 건 어떨까? 부자가 아니어도 누구나 사회봉사를 할 수 있다. 그리고 그것은 반드시 당신의 삶을 바꾸어 줄 것이다.

‘봉사활동’으로 색다른 아이디어와 활기찬 에너지를 얻을 수 있다

A는 나를 담당하는 출판사의 여성 편집자다. 나 외에도 다른 몇몇 저자의 책을 편집하고 있어서 항상 눈코 뜰 새 없이 바쁘다. 하지만 자기 관리가 철저한 편이라 언제나 정신적으로 여유있어 보인다. 나는 그녀가 어떻게 자신을 컨트롤하고 있는지 궁금했는데, 어느 날 그 이유를 알게 되었다.

그녀는 아무리 바빠도 토요일과 일요일은 푹 쉰다고 했다. “워크 라이프 밸런스라는 어려운 단어를 쓰지 않더라도 일에만 쫓기며 살면 점점 유연성을 잃어버리게 된다는 걸 저 스스로도 잘 알고 있으니까요.”

토요일이나 일요일 반나절은 평소에 이야기를 나눌 기회가 없는 사람들을 만나는 시간으로 정하고 있다고 한다. "그래요? 어떤 식으로요?"라고 물으니, "최근에 혼자 사는 어르신들을 찾아 한두 시간씩 말벗을 해 드리고 있어요."라고 대답했다.

그 일은 우연한 계기로 시작하게 되었다고 한다. A씨의 어머니는 혼자 사는 A씨의 할머니를 매주 찾아가고 있었다. 그런데 몇 년 전부터 어머니에게 허리통증이 생겨 A씨가 대신 그 역할을 맡게 된 것이다. 할머니는 96세에 천수를 다하고 돌아가셨는데, 그 후에도 A씨는 혼자 사는 노인을 방문해 대화 상대가 되어 주는 활동을 계속하고 있다고 한다.

"혼자 사는 고령자는 무엇보다 대화 상대가 필요해요. 저는 청소나 장보기 등의 가사 보조는 하지 않고 함께 차를 마시며 이야기만 들어드려요. 가끔은 붕어빵을 사가기도 하죠. 그 정도만 해드려도 즐겁게 말씀을 하신답니다. 그 웃는 얼굴을 보고 있으면 저도 모르게 쌓였던 스트레스가 말끔히 사라져요."

A씨는 이제 곧 50대에 접어든다. 1960년대에 태어났

으니 물론 전쟁의 체험도 전후의 혼란도 경험하지 못한 세대다. 하지만 노인들의 입에서 나오는 이야기는 거의 전쟁 이야기거나 전후의 고통스러웠던 이야기가 대부분이다. "지금이야 호강하며 사는 거지. 꿈같은 얘기야. 옛날에는 말이유, 겨울이면 찬 물로 음식하고 걸레질 하느라 동상에 걸리고 손이 트고 그랬지."라거나 "댁은 좋아하는 일을 할 수 있어서 좋겠수. 우리 때는 여자들 일이라는 게 한정되어 있었지."라는 이야기들이었다.

그런 이야기를 접한 A씨는 일본 쇼와시대(1926년~1989년-옮긴이)의 여성 생활사에 흥미를 갖게 되었고 그 장르의 책 만들기를 필생의 과업으로 삼겠다고 생각하게 되었다. 회사 일이 아니라 퇴직 후에 자신이 하고 싶은 일이라 생각하고 있는 듯했다.

"그래도 해 보고 싶은 생각이 들어요." A씨는 밝게 웃었다. 편집자라고는 해도 결국엔 월급쟁이다. 지금까지 항상 만들고 싶은 책만 만들지는 않았을 것이고, 또 당연한 말이지만 책 판매량에도 항상 신경을 써야 했을 테니 때로는 편집자로서의 업무에 한계를 느끼기도 했을 것이다. 하지만 '언젠가는 쇼와시대의 여성 생활사를 만들겠다'는 목표가 생긴 후로는, 마지못해 하던 일도 "이 경험을 토대로 삼자"는 생각이 들어 일에 대한 자세가 변하게 되었다고 한다.

고령자 방문 활동을 시작하던 초반에 A씨는 자신이 '호의를 베푼다'고 생각했다고 한다. 하지만 모든 행동은 기브 앤 테이크, 일방적으로 주기만 하는 관계가 아니라 '주는 것이 받는 것'이라는 사실을 깨달았다고 한다. 이렇듯 '봉사'를 통해 제2의 인생을 위한 힌트와 새로운 에너지를 얻는 경우가 많다.

국제행사의 자원봉사에 도전하라

2020년 도쿄 올림픽 개최가 결정되었을 때 나는 이것이 중장년층에게 행운이 될 것이라고 쾌재를 불렀다. 올림픽을 계기로 일본 사회에 풀뿌리 자원봉사정신이 지금보다 훨씬 더 단단히 뿌리내리게 될 최고의 기회라고 생각했기 때문이다. 올림픽이나 장애인 올림픽과 같은 빅 이벤트는 음지에서 많은 자원봉사자의 도움이 필요하다. 2012년 실시된 런던 올림픽에서도 곳곳에서 자원봉사자의 모습을 볼 수 있었다고 들었다.

올림픽 자원봉사자가 생긴 것은 1948년에 열린 런던 올림픽에서부터다. 그 이후, 자원봉사자는 올림픽에서 없어서는 안되는 존재가 되었다. 그로부터 약 반 세기 후, 다시 런던에서 올림픽이 열렸을 때 성공 비결 중 하나가 바로 자원봉사자의 힘이었다고 많은 칭찬을 받았다. 런던올림픽 조직위원회 위원장인 세바스찬 코는 "자원봉사자는 올림픽의 활력소다."라고 말했다. 자원봉사자 유니폼은 동경의 대상이었다. 그러한 긍지를 갖고 자원봉사자들은 올림픽이 무사히, 안전하게, 순조롭게 개최되고 진행되도록 옆에서 도왔던 것이다.

런던 올림픽에서는 24만 명이 자원봉사에 응모했다고 한다. 실제로 선발된 인원은 7만 명이었으니 4대 1의 어려운 관문을 뚫고 뽑힌 셈이다. 자원봉사자는 경기장 바깥에서 하는 일이 많다. 실제로 경기를 보는 것은 물론이고 텔레비전 시청도 실시간으로 할 수 없다. 그래도 자원봉사자들은 빅 이벤트에 미력하나마 공헌할 수 있다는 사실에 큰 기쁨을 느꼈다고 말한다.

2020년 도쿄 올림픽에서도 자원봉사자의 힘이 많이 필요할 것이다. 시드니 올림픽에서는 5만 명, 런던 올림픽에서는 7만 명의 자원봉사자가 동원되었다. 도쿄에서도 비슷한 규모의 혹은 좀 더 많은 자원봉사자의 참여가 필요할지도 모른다. 2016년부터 대회조직위원회의 홈페이지를 통해 자원봉사자 모집이 시작된다. 나이 제한이 없다는 것이 원칙이다. 자원봉사자에게 요구되는 일도 매우 다양해서 의료 관계나 외국어 능력이 뛰어나다면 그 방면으로 투입될 것이고, 그렇지 않다면 각자의 기술과 열의에 따라 각종 업무를 맡게 되며 충분한 트레이닝도 받는다고 한다. 외국어의 경우, 영어와 중국어뿐만 아니라 스와힐리어나 아랍어 등 대중적이지 않은 외국어 습득을 지금부터 시작한다면 자원봉사자로 채용될 확률이 확실히 높아질 것이다. 다만 어디까지나 자원봉사이므로 연수를 포함해 개최기간 중에도 교통비와 숙박비는 자기 부담이 원칙이다.

내가 중장년층에게 행운이 될 것이라고 한 이유도 여기에 있다. 지금 50대 이상인 사람 중에는 2020년에 정년을 맞아 연금 등으로 제2의 인생을 보내게 될 사람도 많을 것이다. 즉 자유시간이 많다는 것이다. 무보수라도 자신이 할 수 있는 일을 하며 올림픽을 위해 마음껏 역량을 발휘할 수 있다고 생각한다. 정규 자원봉사자로 채용되지 못한 경우에도 도쿄로 대거 몰리는 관광객이 길을 묻는다면 친절하게 가르쳐주는 정도의 일은 할 수 있었으면 한다.

2020년까지의 시간을 역산해 보고 도쿄 올림픽에서 자신이 무엇을 할 수 있을지를 생각해 그 준비를 시작해 보는 건 어떨까? 우리에게 시간은 아직 충분하다. 2020년 도쿄 올림픽에 자신이 할 수 있는 일을 가지고 '참가' 해보자.

나이들어감의 경이로움에 눈을 돌려라

요즘 사람들은 정말 젊다. 젊게 보인다. 초진 환자를 진찰할 때면 진료기록카드의 나이를 보고 상상했던 이미지보다 훨씬 젊어 보이는 사람을 자주 본다. 젊어 보이는 것은 아주 좋은 일이지만 그 반면에 조금 신경이 쓰이는 것은 '늙음'을 불쾌한 것이나 나쁜 것이라고 부정적으로 보는 경향이 필요 이상으로 강하다는 점이다.

노화에는 약해지고 쇠퇴하는 면이 있음을 부정할 수 없다. 또 늙음의 끝에는 '죽음'이 기다린다. 그렇지만 늙음은 생명이 있는 것들의 숙명이다. 그 누구도 늙음을 피할 수 없다. 동시에 늙음은 경이로운 측면도 가지고 있다. 이제부터는 늙음의 경이로운 측면에 눈을 돌리며 사는 법을 익히자. 중년이 되었다면 그런 시각을 갖는 것이 중요하다.

앞에서 말한 적 있는 미국의 작가 메이 사튼은 "늙는다는 건 멋진 일이다. 젊을 때보다 훨씬 자기자신일 수 있고……."라고 말했다. 메이 사튼의 《82세의 일기(원제는 At Eighty-Two: A Journal, 한국에는 아직 번역되지 않았다-옮긴이)》를 읽어보면 노년의 날들이기에 가능한 감흥을 묘사하고 있는데, 이렇게 충만한 날들을 보낼 수 있다면 빨리 나이를 먹고 싶다는 생각조차 들 정도다.

《레미제라블》의 원작자인 빅토르 위고는 "주름과 함께 품위를 갖추면 존경과 사랑을 받는다. 행복한 노후에는 말로 표현할 수 없는 여명이 비친다."는 말을 남겼다. 자신을 보다 높게 그리고 보다 깊게 발전시키려는 자세를 가진다면 머지않아 이렇게 늙어갈 수 있겠다고 기대하게 된다. 건강에 신경을 쓰고 안티에이징을 위해 노력하는 것도 필요하다. 하지만 동시에 늙음을 자연스러운 것으로 받아들이고 늙음의 경이로움을 자기 것으로 만들어가는 삶을 추구하는 건 어떨까? 나이를 먹는 기쁨에도 관심을 가져보자.

노화를 받아들이는 것과 무방비로 늙게 내버려두는 것은 다르다. 몇 살이 되든 몸과 마음을 조금이라도 젊게 유지하려고 노력하는 마음은 잃지 않기를 바란다. 노화방지라고 하면 글루코사민이나 콘드로이틴 같은 영양제를 먹어야 한다고 생각하는 사람도 많을 것이다. 하지만 젊음을 유지하는 데 이런 영양제보다 더 효과적이고 뛰어난 것이 있다. 그것은 바로 '웃음'이다. 그것도 뱃속에서부터 터져 나오듯 크게 웃는 것이다. 중년이 되면 노화방지를 위해 그리고 멋진 노후를 맞이하기 위해 최소한 '하루에 한 번 크게 웃는' 습관을 만들자.

라쿠고(일본의 전통 만담-옮긴이)도 좋고 텔레비전의 코미디 프로도 좋다. 물론 라이브 개그 콘서트도 좋다. 아니 아무것도 없더라도 그냥 웃자. 그런 습관을 들이면 몸과 마음이 건강하고 젊게 나이를 먹을 수 있다. 의학적으로도 웃음에는 '면역세포인 내추럴 킬러 세포를 활성화시키고 치유력을 높이는 효과가 있다'고 밝혀졌다. 미국 저널리스트 노먼 커즌스는 웃음의 효과를 통해 난치병인 교원병을 보기 좋게 극복해냈다.

더구나 웃음은 웃고 있는 당사자뿐만 아니라 주변까지 웃음으로 끌어들이는 뛰어난 효과도 있다. 이런 말을 들으면 "웃을 일이 별로 없다"고 말하고 싶은 사람도 있을 것이다. 그래도 웃어 보라. 즐거워서 웃는 것이 아니라 웃기 때문에 즐거워지는 것이다. 이것은 심리학에서도 증명된 사실이다.

조금 힘들더라도, 괴로운 일이나 슬픈 일이 있더라도, 억지로 미소를 지으면 된다. 웃다보면 웬일인지 정말로 즐거워진다. 시험 삼아 지금 미소를 지어 보는 건 어떨까? 나이에 굴하지 않는 젊음과 건강은 자주 웃는 습관에서 비롯된다.

하루하루가 소중한 노년의 아름다움을 가꾸며 살자

노화의 부정적 이미지 중 하나는 늙은 모습이 '아름답지 않다'는 점일 것이다. 노추(老醜)라는 단어가 있을 정도다. 하지만 오해하지 않았으면 한다. 주름이 늘거나 백발이 되어서 '아름답지 않다'는 게 아니다. 나는 '노추'의 원래 뜻은 꼴불견이거나 칠칠치 못한 노인이라고 해석한다.

예컨대 자세가 흐트러져 있거나 동작이 너무 굼뜬 경우가 그렇다. 또한 노인이랍시고 정색을 하고 나서거나 나이가 많은 것을 핑계로 엄살을 부리는 것도 볼썽사나우니 경계하자. 근육의 쇠퇴 등 자연스러운 노화는 누구도 피할 수 없다. 하지만 그런 정도라면 누구의 눈에든 나이에 걸맞게 비춰지므로 부정적인 인상을 주지 않는다. 하지만 나이가 들면 종종 남의 눈을 신경 쓰지 않고 단정치 못한 차림으로 다니거나, 옷 갈아입기가 귀찮아 색깔이나 모양의 조화를 생각하지 않고 손에 잡히는 대로 입고 외출하기도 한다. 노인의 꼴불견은 대부분의 경우 그런 나태함이 조금씩 쌓인 결과라고 해도 과언이 아닐 것이다.

나이를 먹어 젊었을 때 싱싱한 아름다움이 사라져간다고 느낀다면 더욱더 자세를 바르게 유지하고 청결에 주의하며 멋 부리기에도 관심을 가져야 한다. 그렇다고 젊은 사람을 흉내내면 오히려 나이 든 티가 더 심하게 난다. 나이와 자신의 분위기에 어울리는 멋을 내야 "역시 연륜이 묻어난다."고 존경을 받게 된다.

그런 사람을 만난다면 나도 '나이 들면 이런 식으로 꾸며야지, 이런 식으로 행동해야지' 하며 언젠가 다가올 나의 노년을 아름답게 살기 위한 모범으로 삼고 뇌리에 단단히 새겨두자. 이제 슬슬 이런 준비를 시작해서 천천히 자기 나름대로의 '아름다운 노인' 상을 실현시켜나가자. "멋을 부리지 않는 인간은 도둑보다 더 추하다." 97세까지 살았던 우노 치요(일본의 소설가, 수필가-옮긴이) 씨의 말이다.

이전 병원에서는 정신과에 적을 두고 있었기 때문에 우울증 환자를 진찰하는 경우도 흔히 있었다. 최근에는 '정년 우울증'이 점점 늘고 있다. 우울증까지는 아니더라도, 이것도 마음에 들지 않는다, 저것도 마음에 들지 않는다며 버럭 화를 내거나 짜증을 내는 고령자도 자주 볼 수 있다. 이것은 그 사람이 처한 상황에 문제가 있기 때문이 아니다. 문제는 그 사람의 마음속에 있다. 마음가짐이 비뚤어져있거나 '불만'이라는 색안경을 끼고 있기 때문이다.

나는 그런 상태에서 벗어나는 묘책을 찾는데 성공했다. 주변 사람들에게 시험해봤는데 절대적이라 해도 좋을 만큼 효과가 있었다. 그 방법이란 어떤 경우에도 가장 먼저 꺼내는 생각이나 말을 '고맙다'로 바꾸는 것이다. 다만 그뿐이다.

가족에게는 물론이고 회사 사람, 거래처 사람, 가게에서 만나는 사람, 우연히 어떤 기회로 만나게 된 사람……. 다양한 만남과 상황이 있을 테지만, 어떤 경우라도 '고맙다'고 말한 후 행동을 하면 뭐든 잘된다. 예컨대 중요한 회의에 부하 직원이 늦었다고 하자. 물론 큰 소리로 호통을 치고 싶은 마음이 굴뚝같을 것이다. 하지만 오히려 '고맙다'는 마음으로 상대를 보라. 그러면 바로 '분명 뭔가 사정이 있었겠지. 그런 중에도 너무 늦지 않게 와 주어서 고맙다.'고 생각하게 되는 식이다.

불만을 말하자면 한이 없지만, 착실히 옆에서 지켜주고 있는 배우자에게도 고맙다. 나름대로 최선을 다하고 있는 자녀에게도 고맙다. 이렇게 생각하면 무엇보다 마음이 평화로워지고 행복마저 샘솟게 된다. 풍요롭고 행복한 인생이란 감사의 마음으로 가득 찬 인생이지 않을까? '고맙다'고 말하는 것만으로도 사람은 행복해질 수 있다.

비록 50대지만 아직 인생이 30~40년이나 남아있다고 생각하고 있는가? 인생 80년 시대 혹은 90년 시대라는 말은 어디까지나 평균 수명에서 봤을 때의 얘기다. 지금 건강하다면 앞으로 30~40년은 더 살 가능성이 크다는 말일 뿐이다. 실제로는 내가 내일 살아있을지 어떨지 아무도 모른다.

의사란 직업은 때로는 잔혹해서, 태어난 지 얼마 안 된 생명의 마지막을 본 적이 있는가 하면 초고령자의 임종을 지킨 적도 있다. 또 질병이 아니더라도 재해나 사고로 인생이 갑자기 끝나버리는 경우도 있다. 그런 날이 내일 당장 닥칠지도 모른다. 오늘이 내 인생의 마지막 날이 될지도 모른다. 그럴 가능성은 누구에게나 있다. 이렇게 생각해보면 오늘이라는 하루가 얼마나 귀중한 가치를 지니고 있는지 새삼 깨닫게 될 것이다.

그 귀중한 하루를 화를 낸 상태로 마감하거나 별 것도 아닌 일로 괴로워하며 망가뜨리거나 빈둥거리며 하는 일 없이 보낸다면 아깝지 않은가? 물론 50대든 70대든 80대든 살아있는 한 고민이나 문제가 전혀 없을 수는 없다. 앞으로도 무거운 짐을 짊어져야하는 경우가 있을지도 모른다. 그렇기 때문에 더욱 오늘이라는 더 없이 소중한 하루하루가 쌓여 인생이 만들어지는 것이라는 생각을 가져야 한다.

예컨대 힘든 일이 있더라도 그 괴로움은 오늘 하루의 것이라고 생각하는 것이다. 단 하루라고 생각하면 괴로움을 참을 수 있을 것이다. 이런 삶의 방식이 몸에 익으면 서서히 어떤 일이든 있는 그대로 받아들여 마음 편하게 살아가는 기술을 자연스럽게 익히게 된다. 50대면 아직까지는 젊다. 하지만 그 날들의 앞에는 노화가 기다리고 있다. 그렇게 생각하면 오늘 하루, 50대의 하루하루를 소중히 살아야겠다는 생각이 들지 않을까? 오늘을 소중히 여기며 사는 것이 행복한 노후를 만드는 길이다.

인생 리스타트!
나답게 자유롭게

1판 1쇄 인쇄 2015년 6월 15일
1판 1쇄 발행 2015년 6월 20일

지은이 | 호사카 다카시
펴낸이 | 정원정, 김자영
편집 | 홍현숙

펴낸 곳 | 즐거운상상
주소 | 서울시 종로구 필운대로 5길 26-1 (누하동 158-3)
전화 | 02-706-9452 팩스 02-706-9458
전자우편 | happywitches@naver.com
출판등록 | 2001년 5월 7일
인쇄 | 내일북